AVANT - PROPOS

L'objet du propos philosophique n'est pas d'écrire pour soi et encore moins sur soi. Il n'est pas de sens pour un discours s'il ne s'adresse qu'à lui-même ; et parler, par principe, c'est se décentrer de soi. Cependant, ce n'est pas pour rien que l'on parle, et il y a toujours, de la part du monde, quelque événement qui a décidé, en touchant la profondeur de la personne, de ce qu'elle s'est destinée alors à dire. Tout discours est une réponse, il n'y a pas de langage premier, pas de langage qui ne réponde déjà à un autre langage.

Il y a quelques années, un élève m'a dit, à l'issue d'un cours, que la liberté lui était absolument indifférente, qu'elle ne résonnait d'aucun sens en lui, qu'elle était pour lui seulement un mot mort. Devant ce visage fermé sur ces mots, cette violence sourde, et qui ne laissait rien sentir des motifs qui les suscitaient, je me suis demandé s'il y avait un sens à vouloir parler de ce qui n'avait pas de soi-même un sens pour lui ; je me suis interrogé sur la nécessité de parler de cette liberté à quelqu'un qui, librement semble-t-il, refuse la liberté.

Il n'y a de sens à parler de liberté que parce qu'elle est l'affaire de chacun et de tous. Il n'y a rien à dire à celui qui ne se dit rien. Et je me suis demandé ce qu'il me dirait — et cette question était finalement la seule réponse à lui faire — si lui était retirée, par le jeu imprévisible des événements, cette liberté qu'il prenait si manifestement en me parlant librement de son refus de la liberté ; et si alors la liberté de sa parole, réprimée, n'aurait pas rendu un sens à sa parole sur la liberté. Je me demandais si, pour finir, son déni de la liberté n'était pas en fait, et de façon obscure, sa façon à lui de revendiquer sa liberté, et si ainsi finalement sa négation de la liberté n'était pas d'une certaine manière une confirmation de la liberté. Et n'y aurait-il pas eu alors contradiction de ma part à vouloir lui imposer la liberté ?

La première question que l'on pourrait ainsi se poser sur la liberté est paradoxale : est-on libre de refuser la liberté ? N'est-ce pas encore par sa liberté que l'on refuserait celle-ci ? La liberté est ainsi un fait, malgré toutes les négations et les limitations : nous voulons être libres, même quand nous ne le savons pas, même quand nous nous aliénons. Mais ce fait se tourne immédiatement en question : même quand nous croyons nous savoir libres, le sommes-nous ? Et de quelle liberté?

Interroger la liberté, c'est donc immédiatement s'interroger soi-même ; la liberté est chargée d'un pouvoir de questionnement singulier, elle ne nous laisse pas tranquilles, elle ne nous laisse pas libres, elle nous questionne. S'interroger sur elle, c'est s'interroger sur la racine de sens de son existence, sur son rapport sensé à l'existence : car une existence absolument non libre pourrait-elle encore avoir sens ?

Et cette inquiétude fondamentale, cette question, paradoxalement si obligatoire et astreignante, de la liberté, que nous ne cesserons jamais de relancer dans le présent texte (et sans doute une grande part de la liberté s'annonce dans ce pouvoir, cette liberté, de la question) peut se formuler ainsi : comment se fait-il que nous ne puissions jamais, en toute tranquillité d'âme, être de paisibles esclaves ?

INTRODUCTION

La liberté fait partie de ces grandes notions philosophiques, comme la justice, la vérité, qui, de façon historiquement variée, mobilisent sans cesse la pensée humaine, et cela non par luxe superflu d'une réflexion désœuvrée, en mal d'objets, mais parce qu'elles constituent des soucis réels de l'existence humaine aux prises avec sa propre histoire, toujours aliénée par sa propre œuvre, individuelle et collective. Comme toute notion philosophique, la liberté permet de vérifier que la réflexion philosophique n'est pas le déploiement gratuit d'idées purement abstraites et d'une sorte de jeu intellectuel qui se prend au sérieux, mais qu'elle n'a pour motif que de chercher à éclaircir ce qui préoccupe de façon essentielle l'existence humaine concrète, qu'elle est d'une certaine manière le prolongement même de cette existence dans la pensée, l'existence qui se pense elle-même.

Cependant, la liberté est peut-être le lieu de la réflexion philosophique où se signale le mieux ce lien constitutif de la philosophie entre l'existence et la pensée, de la façon la plus immédiate et la plus étroite. La liberté, ainsi, qui n'est qu'un mot, est un mot à l'étrange pouvoir, que bien peu d'autres égalent, pouvoir redouté ou appelé, jamais totalement étouffé, présent comme la subsistance toujours d'un pouvoir du langage face à tous les langages du pouvoir.

Le thème de la liberté dégage en effet une vitalité singulière, un pouvoir de sens et de mobilisation qui semble inépuisable ; qui, malgré tous les abus, les contre-façons, les perversions innombrables dont il est l'objet et le prétexte, se survit toujours à soi-même. Nous saisissons la liberté comme une valeur, de façon immédiate, plus immédiatement encore que la justice qui implique une prise de conscience élaborée du rapport à autrui, et une reconnaissance de son primat ; plus encore que la vérité qui suppose un rapport au discours, au connaître, une reconnaissance donc du primat de la pensée et de ses pouvoirs.

La liberté, elle, est immédiatement, de façon aussi bien intime que collective, affective qu'intellectuelle, élaborée théoriquement qu'éprouvée sentimentalement au-delà de toute formule, thème de valorisation, thème d'exaltation, de passion, thème à la fois des luttes les plus concrètes et des évocations les plus romantiques. La liberté est de cette manière le motif certes le plus politique (au sens philosophique, c'est-à-dire engageant une réflexion fondamentale sur la société, ses fondements et son sens), mais aussi peut-être le plus poétique de la philosophie, celui qui ouvre l'horizon de valeur et d'évocation le plus infini avec le minimum de sens immédiat, avant d'être posé dans un concept clair et distinct, celui qui conjugue le plus au vague de son sens la charge d'émotion d'un sentiment vécu. Philosophiquement, il faut tirer ce sentiment au clair de la pensée, il faut rendre raison de cette passion de la liberté. On pourra alors demander si c'est bien nécessaire. A quoi bon chercher à prouver ce que l'on éprouve si bien ? Descartes déclarait ainsi : « Notre liberté se connaît sans preuves, par la seule expérience que nous en avons. »

Mais une expérience ne peut-elle être trompeuse ? Eprouver, si intensément que ce soit, justement n'est pas prouver ; vivre quelque chose, aussi absolument semble-t-il, n'est pas le penser clairement, bien au contraire. La valorisation d'un thème l'enveloppe d'un halo affectif qui trouble et embarrasse la clarté de la pensée. Vivre quelque chose est plus en subir l'emprise et l'enveloppement qu'en percevoir en toute maîtrise et de part en part la réalité profonde. Comme tout thème philosophique, la liberté n'attire la pensée que justement parce qu'elle s'y refuse. Si, ainsi, il faut penser la liberté, si la liberté accède à la philosophie, c'est que la liberté n'est pas une évidence, mais un problème. Etre libre n'est peut-être qu'être prisonnier d'une illusion ; être libre n'est peut-être qu'être aliéné, sans le savoir.

Peut-on alors se contenter d'un sentiment qui, si vif soit-il, ne rend pas compte de lui même, et sitôt qu'il s'y essaie, tombe dans l'embarras et le doute ? Notre liberté ne peut rester liberté immédiate, sans quoi elle risque de n'être qu'illusoire. C'est donc une exigence même de notre liberté que d'enquêter sur la liberté.

Il faut vérifier la liberté ; et ce n'est pas un homme libre, celui qui craint ou qui ne se soucie pas de penser la liberté et de s'interroger si lui-même est libre. D'ailleurs, que serait une liberté sans pensée libre ? La philosophie est la pensée libre enquêtant sur la liberté, comme le dit Hegel : « En philosophie, tout est affaire de liberté. »

PREMIÈRE PARTIE

La conscience illusoire de la liberté : le libre arbitre.

Le sentiment immédiat de la liberté

On a toujours tendance, spontanément, à se croire libre ; accablé de contraintes, certes, mais, au fond, libre. La conscience de soi est spontanément confiance en soi, comme libre. Cette confiance répond d'ailleurs à une exigence que l'on me fait de toute part. On me traite en effet comme être libre, par-là même qu'on me saisit comme sujet d'obligations et de responsabilité. D'une certaine manière ainsi, tout, autour de moi, en astreignant ma liberté, la reconnaît en même temps : la morale, le droit et les lois, les engagements et promesses sollicités par autrui. La liberté est donc gérée comme fait par la société dans un style de rapports envers moi, et moi de même envers les autres, qui, en l'engageant et en la réduisant en même temps, l'attestent.

Mais ainsi, j'éprouve la conscience que je me fais et que l'on me fait de la liberté, comme une conscience contradictoire de moi-même. D'une part, en effet, ma liberté n'est posée que sous la forme de sa négation, qu'en tant qu'elle est en même temps modelée, limitée, engagée, de toute part. Ma liberté n'existe ainsi que contrariée, que sous forme contradictoire. De l'autre, ma liberté certes est ainsi supposée, mais non fondée, reconnue mais non connue, constatée mais non déduite. Je peux alors penser qu'elle n'est en fait, du côté de la société, qu'un prétexte pour mieux encore m'aliéner, qu'elle n'est même que la forme la plus raffinée d'une autocontrainte de moi-même par moi-même ; qu'elle n'est, au mieux, paradoxalement, qu'un conformisme de plus. Je peux également penser qu'elle n'est, de mon côté, qu'une forme de la valorisation spontanée de moi-même par moi-même, que finalement l'expression de mon orgueil. Bref, elle manque de fondement et de certitude.

Cette liberté que je m'attribue spontanément et que l'on m'attribue, plus ou moins, socialement, peut n'être dès lors qu'une illusion. Cette liberté n'est qu'un sentiment et non un concept, elle n'est qu'une croyance non critiquée, spontanée, et fortement liée à l'affectivité, et même à l'imaginaire.

Je ne peux reposer l'enjeu de ma liberté sur le simple sentiment, je ne peux simplement me contenter de me croire libre : ce serait d'emblée faire preuve d'un esprit non libre, sans capacité d'examen délié de tout préjugé.

Et que serait une telle liberté sans rapport critique à soi ? On voit déjà que la liberté meurt d'être trop sûre de soi, que la liberté ne peut exister si elle ne doute de soi, et que, peut-être, douter de sa liberté est le premier signe et la première forme de cette liberté. Je m'aperçois alors que je ne me suis cru libre jusqu'ici que d'une liberté que je ne comprenais pas véritablement, que je ne faisais que ressentir.

Etais-je libre dans cette acceptation trop facile de ma liberté ? N'étais-je pas simplement pris au piège des mots, au pouvoir d'enchantement de ce mot « liberté » dont je prenais l'écho en moi pour du sens précis et sûr ? Comme le dit Valéry : « Liberté, l'un de ces détestables mots qui ont plus de valeur que de sens », la liberté n'est-elle pas qu'un effet de rhétorique, un de ces mots de parade qui ont d'autant plus de pouvoir que l'on est bien incapable d'en préciser la nature et la raison exactes, un de ces mots qui peut-être ne résonnent en moi que de leur creux ?

D'ailleurs, dès lors que j'approfondis quelque peu cette liberté, vague et générale, que je m'attribue sans beaucoup de réflexion et que véhicule ma relation à la société qui me presse sans cesse, je m'aperçois qu'elle est une liberté purement extérieure, une liberté de l'action extérieure et non du vouloir lui-même. Le sens commun, totalement possédé par les urgences de l'action, captivé par les tâches constantes de la vie, ne se pose pas réellement le problème de la liberté, La liberté pour lui n'est que liberté d'agir, de faire ce que l'on veut, et non liberté de cette volonté elle-même. La liberté ne consiste pour lui, en quelque sorte, qu'à dépenser sa volonté dans l'action extérieure et non à la penser à sa racine, dans son rapport à elle-même.

Or, le problème philosophique de la liberté naît précisément quand je ne définis plus, comme à l'ordinaire, la liberté comme « liberté de faire ce qu'il mc plaît », comme pure et simple absence de contraintes, mais quand, en amont de l'action, je remonte à ma volonté elle-même. On s'engage dans l'espace propre de la réflexion philosophique dès lors que l'on ne confond plus la liberté avec l'intensité par laquelle, avec énergie, j'adhère à ce que je suis en train de faire et m'absorbe dans la suppression des contraintes qui s'y opposent, mais que je m'interroge sur la nature de ma volonté elle-même qui soutient de part en part mon action : est-ce que je veux vraiment ce que je veux, est-ce que je suis bien la cause de mon vouloir ? Cette incertitude qui m'atteint dans le cœur de ma volonté, cette parenthèse dégageant mon être de l'enchaînement serré de mes actions au sein du monde est l'éveil au problème philosophique de la liberté.

Une première réponse qui se présente, et qui prolonge l'adhésion naïve du sens commun aux certitudes immédiates de la conscience, est une certaine conception de la liberté : le libre arbitre. Il s'agit d'une notion qui, avec de multiples variantes, se partage entre le sens commun, dès lors qu'il ne s'épuise plus dans l'action ordinaire de la vie mais engage une certaine réflexion de soi, et la réflexion philosophique ; la différence entre le point de vue du sens commun et le point du vue philosophique étant ici que le premier, se contentant de recueillir le sentiment immédiat que nous prenons de nous-mêmes, ne propose pas un fondement de justification suffisant pour établir ce libre arbitre (bien qu'il s'appuie par exemple sur la religion) tandis que c'est le souci essentiel du second. Nous étudierons donc et critiquerons d'abord le libre arbitre sous le point de vue spontané du sens commun avant de l'examiner dans ses formes philosophiques, plus subtiles et élaborées, où il se trouve des fondements.

En quoi consiste plus précisément ce libre arbitre ? En l'idée de la présence en moi d'un pouvoir indéterminé de vouloir.

Le libre arbitre est un pouvoir de décision absolu en moi, à partir de rien, sans motif contraignant ; une capacité de commencement pur, en dehors de toute chaîne de causalité à l'extérieur ou à l'intérieur de moi qui déterminerait mes actes dans leur production et leur modalité ; une capacité de production d'un effet sans cause, d'un acte purement indéterminé et arbitraire, sans aucune nécessité.

L'expérience du choix est le lieu privilégié où se forme et s'éprouve cette croyance du libre arbitre. Choisir me semble toujours être : expérimenter une indétermination foncière de ma volonté. Il me semble toujours que, malgré tous les motifs qui m'y poussent, je pourrais choisir autre chose que ce que je choisis, qu'il me suffirait de le vouloir. Il y a toujours un élément d'hésitation inscrit constitutivement dans ma volonté, même dans ses choix les plus résolus ; ma volonté ne veut jamais tout à fait ce qu'elle veut, elle n'est jamais totalement engagée dans ses choix.

Certes, j'ai choisi ce que j'ai choisi, et mon choix a été déterminé par telle ou telle raison et tel ou tel motif psychologique. Mon choix est bien le résultat d'une sorte de calcul des raisons mêlé à une conjoncture psychologique et personnelle que je ne puis parfaitement clarifier. Mais il me semble toujours que j'aurais pu choisir autrement, contre toute raison, contre tous mes motifs, si seulement je l'avais voulu. Le libre arbitre est pour cette raison apppelé également liberté d'indifférence. Aucun impératif ne semble régner sur mes choix, ma volonté ne semble se conjuguer qu'au conditionnel : si je le veux, je le veux ; si je ne le veux pas, je ne le veux plus. Dans ma volonté, il me semble expérimenter l'absolu d'une contingence infinie, liée par rien, pure décision de soi, pur empire du possible, de tous les possibles, même absurdes.

Cependant, bien sûr, comme je ne peux pas tout choisir à la fois, comme l'essence du choix est de renoncer à quelque chose, comme il est aussi des choix que je ne peux pas recommencer et qui m'engagent, il me faut me déterminer ; il faut finalement que je choisisse de choisir ; mais cette détermination semble extérieure à ma volonté, qui, elle, m'apparaît comme pure disponibilité, infini vertigineux : il y a une ivresse de la volonté ; de cette ivresse surgit la notion de libre arbitre.

Ainsi, ma volonté, mon pouvoir de choix semblent toujours supérieurs à mes choix, ne jamais s'y réduire, garder comme une réserve d'indétermination à partir de laquelle ils peuvent toujours, de façon inexpliquable, se déterminer autrement. Derrière toutes les différences entre lesquelles choisit ma volonté, il y a l'indifférence fondamentale de ma volonté elle-même qui demeure inentamée et susceptible de se porter à tous les contraires. Il y a ainsi toujours deux moi dans l'acte : le « je » qui choisit ne se réduit et ne se confond jamais avec le « je » qui se choisit comme tel ou tel, déterminé, à travers tous ses choix. Il me semble que ma volonté délivre sans cesse des déterminations, sans jamais s'en trouver absolument déterminée, qu'elle est pur et absolu pouvoir de vouloir. Le libre arbitre se trouve ainsi culminer dans l'acte gratuit, qui semble être comme son summum, son coup d'éclat.

L'acte gratuit

Par quoi en effet pourrait mieux se prouver le libre arbitre, sinon par la démonstration d'un acte sans aucun motif décelable, sans aucune détermination ni intérieure ni extérieure qui puisse en expliquer la production ?

C'est bien le raisonnement que se tient Lafcadio, l'un des personnages des « Caves du Vatican », d'André Gide, exemple classique de l'acte gratuit. Lafcadio, comme Jules Lequier, qui se met en scène dans *la Recherche d'une première vérité*, est l'être possédé par l'incertitude de sa liberté, ici donc entendue comme libre arbitre. Comment prouver, comment me prouver, que je suis libre, que je ne suis pas qu'un pantin agité par mille causes qui font et défont ma vie ? Ne peut-il y avoir seulement un acte, commis par moi, qui indiscutablement soit libre, totalement délié de tout, et qui soit pure source de soi-même ? Lafcadio décide alors de commettre un tel acte, de voir s'il en est capable ; et, s'il en est capable, c'est qu'il est capable d'être libre ; à la différence de Jules Lequier, cet acte ne sera pas innocent. Lafcadio, en effet, se trouve être dans un train, la nuit, et un brave vieillard être face à lui, ne se doutant point de l'expérimentation insensée dont il va faire l'objet. L'idée traverse en effet l'esprit sombre, quelque peu dostoïevskien de Lafcadio : ce vieillard, sans défense, vulnérable, je n'ai aucune raison, aucun intérêt, de lui vouloir du mal : ne prouverais-je pas ma liberté si, sans aucun motif, je le tuais, le précipitant dans le vide de la nuit ?! Ne serait-ce pas un acte absolu, tiré de soi-même, insensé mais libre, car déterminé par rien ? Cependant, Lafcadio va suspendre son geste à des signes : la nuit, des feux clignotent dans la campagne. Comptons jusqu'à douze, si aucun n'apparaît, rien ne sera fait. Mais, par hasard, un feu s'allume et prend Lafcadio au piège de sa propre décision ; aurait-il peur de lui-même ? Et Lafcadio ouvre la portière du train.

Ainsi, il suffirait de le vouloir pour être libre ; la liberté serait l'essence même de la volonté et serait aussi simple que de vouloir vouloir. La liberté, selon la théorie — dont la force mais aussi la faiblesse sont de se présenter non comme théorie mais comme pure et simple expérience de soi — du libre arbire, ne serait ainsi qu'absence de contraintes, que délivrance de la pure volonté indéterminée.

Mais Lafcadio est-il libre ? Cette simplicité apparente de l'affirmation de la liberté par elle-même n'est-elle pas la surface d'une profondeur insoupçonnée de problèmes ?

D'abord, Lafcadio, qui est bien un personnage de roman, remet sa décision à des signes : sa décision ne lui appartient donc pas intégralement ; elle est déterminée par une extériorité. Lafcadio semble ici pressentir tout le problème d'une volonté qui serait libre arbitre absolu, pure contingence indéterminée : comment ce qui serait purement indéterminé pourrait-il se déterminer ? D'où le besoin de signes. Certes, il pourrait être répondu que, si ces signes sont extérieurs et indépendants du sujet Lafcadio, leur fonction ne l'est pas, étant déterminée par lui. Les signes sont toujours extérieurs au sujet, mais la signification des signes, l'interprétation de leur valeur ne laissent pas cependant de lui appartenir. Mais l'absence de motifs, qui est l'essentiel de l'expérience, est-elle si évidente ? Lafcadio ne prend-il pas pour une absence de motifs ce qui n'est qu'une ignorance de ces motifs ? Et le premier de ces motifs ne serait-il pas le désir même, si fort qu'il va jusqu'au meurtre, de se prouver sa liberté ? L'expérience de l'absence de motifs est alors son motif même et, par-là, s'annule elle-même. Dès que l'expérience se réfléchit, elle dément sa propre conclusion ; elle ne peut s'approfondir sans se dissoudre ; elle n'est que pure apparence.

La critique déterministe

Et comment en serait-il autrement ? Tout n'est-il pas nécessairement déterminé, produit par une cause ? Encore une fois, comment pourrait-on tirer une détermination de ce qui serait absolument indéterminé ? L'être est déterminé, c'est sa loi ; et ce n'est qu'illusoirement que je fais expérience de l'indéterminé, simplement par ignorance de la détermination en jeu.

Et pourquoi le domaine psychologique serait-il miraculeusement sauvegardé ? Il ne suffit pas de le vouloir tel pour qu'il le soit ; il ne suffit pas de s'indigner pour que cette indignation, même « sacrée » (le libre arbitre, essentiel au christianisme, serait ce par quoi Dieu aurait voulu spécifier l'homme et le différencier du reste de la création, laquelle alors, lui étant ontologiquement subordonnée, il fut autorisé de dominer), soit une preuve.

A tout ce que je veux et ce que je fais, il doit y avoir une cause, qu'elle soit consciente ou inconsciente, plutôt interne ou plutôt externe, réfléchie comme une raison ou purement et simplement aveuglément subie. Pourquoi je fais ce que je fais : à cause de ce que je veux ; et pourquoi je veux ce que je veux : à cause de ce que je suis ; et pourquoi je suis ce que je suis : parce que la vie, l'ordre des événements que j'ai subis, avant de faire m'ont fait être ce que je suis. La vie a fait ma vie. « L'on est fait, toujours, avant de faire », comme le dit André Comte-Sponville, dans *Vivre* (p. 75).

La notion de libre arbitre n'est donc pas rationnelle ; ce n'est pas un concept ; et, à la limite, elle n'est pas vraiment pensable, et avoue son vide dès lors qu'on la creuse. Elle désobéit en effet au principe de raison qui est ce par quoi le réel nous devient intelligible et pensable ; principe de raison, clairement énoncé par Leibniz, qui est l'exigence de rendre raison de tout événement, en en restituant la cause, qui explique pourquoi il existe plutôt que de ne pas exister, et pourquoi sous cette forme et non sous une autre ; le principe de raison est donc ce par quoi la pensée et le réel s'accordent et se conjuguent, s'approfondissent mutuellement.

Le libre arbitre, c'est-à-dire notre notion immédiate et spontanée de la liberté, dissimule donc sous sa simplicité apparente la confusion la plus profonde ; il ne résiste pas à l'analyse et se dissout dans la clarté de la pensée comme une ombre attardée, issue de la nuit de l'irréflexion, de la naïveté de nos sentiments immédiats ; et, comme tout irrationnel, il n'est qu'une apparence, sans épaisseur autre que le temps de l'effacer en l'expliquant.

L'absoluité de ma volonté n'était que la perfection de mon enveloppement par une illusion. M'attribuer un libre arbitre était introduire un grain de sable d'indétermination dans le tissu des déterminations du monde, était me poser comme cas d'exception parmi tous les êtres de la nature, cédant ainsi à mon désir de singularité, et me rendre porteur de ce par quoi je pourrais me tailler un empire dans ce monde parce que ne relevant pas totalement de ses lois. Comme le dit Spinoza, l'homme se croit ainsi « un empire dans un empire », il s'octroie un privilège de liberté absolue par lequel il s'excepte des lois universelles de la nature sous lesquelles tombent tous les autres êtres et se justifie ainsi de les dominer. Le libre arbitre n'est que l'expression de cet anthropocentrisme naturel et têtu par lequel l'homme se pose toujours comme centre de tout, comme règle et mesure des autres êtres, de cet « impérialisme métaphysique » premier de la subjectivité humaine sur le monde. Le libre arbitre n'est qu'un mythe enflé de la vanité humaine, du processus spontané et inconscient d'idéalisation de soi. On voit bien que, rationnellement, il ne se justifie pas, et l'histoire nous apprend d'ailleurs qu'il a eu besoin du soutien religieux pour se développer et qu'il a coïncidé avec l'essor d'une religion morale nouvelle, responsabilisant l'homme comme jamais il ne l'avait été : le christianisme. Dieu, en effet, dit l'Ecriture, a créé l'homme en lui insufflant quelque chose de lui, une volonté libre, et ainsi il l'a rendu responsable de sa propre destinée. La figure de l'homme — et également son rapport à Dieu — change alors. C'est le rapport moral qui en devient le fondement, c'est le rapport de l'homme à soi-même, à sa volonté, qui va devenir de plus en plus (processus historique qui sera très lent et qui n'aboutira qu'à l'époque moderne, au XVIIe siècle) la racine de son rapport à Dieu, de son rapport à autrui, de son rapport au monde.

Alors que, jusque-là, Dieu n'était qu'une règle inflexible, imposant sa loi ; avec le christianisme, la fatalité se mue en providence, ce qui est tout différent (la providence n'opprime pas, mais guide la volonté humaine) ; la nécessité se transfigure en responsabilité ; le rapport de l'homme à Dieu se fait aussi rapport libre d'amour et non plus pur et simple rapport de soumission. Mais l'homme éprouve alors les affres du péché, il expérimente sa liberté comme un tourment, comme le poids négatif de sa culpabilité, comme l'épreuve de ses épreuves.

Le libre arbitre se crée donc ainsi une racine céleste, il ne se justifie que par le rapport et le statut particuliers de l'homme sous le regard de Dieu. Le libre arbitre, empire de l'homme sur soi-même et sur le monde, va devenir en même temps ce par quoi l'homme va se créer l'enfer de sa propre culpabilité, puisqu'il sera responsable de tout. Le mythe du libre arbitre, d'une faculté indéterminée de vouloir, a donc besoin du fondement de la religion ;

la croyance spontanée en soi devient alors foi, et se projette en vision métaphysique du monde.

Mais l'illusion, même ainsi habillée de l'appareil religieux, n'en est pas encore véritablement expliquée. Il n'est jamais suffisant de dénoncer une illusion, il faut toujours, de plus, expliquer comment elle a pu se produire. Montrer l'illusion comme telle, démontrer qu'elle est croyance en quelque chose d'impossible, n'est pas encore vraiment la comprendre. Il ne suffit pas de dire que l'illusion enferme quelque chose d'impossible, il est encore nécessaire d'expliquer comment il a été possible de croire ainsi en l'impossible.

Il revient à Spinoza d'avoir pleinement dégagé la racine naturelle du libre arbitre, d'avoir montré que je croyais nécessairement d'abord en la liberté indéterminée de mon vouloir et que ce sentiment premier de liberté était paradoxalement l'effet même du déterminisme le plus profond en moi. Le libre arbitre est une illusion spécifique de la conscience, naissant de la première expérience de réflexion sur soi. Cette illusion est liée à la limitation de la conscience, limitation dont elle est ici la victime parce qu'elle ne l'aperçoit pas, parce qu'elle se croit conscience absolue, sphère intégralement transparente à elle-même.

Limitée, mais ne le sachant pas, conscience mais sans conscience des limites de toute conscience, elle développe en elle des idées et produit des actes dont elle ignore la provenance profonde. Ignorant les causes de ce qui se produit sur sa scène de représentation, ignorant qu'il ne s'agit que d'effets, la conscience va se prendre pour la cause de tout ce qui se développe en elle, pour pur pouvoir libre de création, à partir de rien. La conscience alors se clôt sur elle-même, elle prend le cercle étroit de sa réflexion pour une sphère d'indépendance absolue, et n'admettant rien d'antérieur ni d'extérieur à elle qui puisse peser sur elle, elle se pose comme origine de tout ce qu'elle est et fait. Le libre arbitre, loin d'être l'affirmation d'un être plein et positif, n'a ainsi de source et de contenus que négatifs : notre ignorance du déterminisme dont nous sommes l'objet. « Les hommes se croient libres pour cette seule cause qu'ils sont conscients de leurs actions et ignorants des causes par où ils sont déterminés » (Spinoza, *Ethique* III, scolie de la p. II). L'infini que la conscience s'attribue n'est ainsi que l'effet de sa limitation la plus extrême, de son ignorance et de l'ignorance de cette ignorance. Le libre arbitre n'est que le résultat du jeu de l'imagination qui produit cet exemple type d'illusion métaphysique, c'est-à-dire qui interprète faussement et abusivement l'expérience, croit pouvoir décider de la nature profonde et définitive de tout ce qui est et fabrique, par extrapolation, un type d'être absolu, échappant au monde et à son déterminisme, la volonté.

Spinoza utilise un exemple pour mieux faire comprendre ce mécanisme nécessaire et naturel de la croyance au libre arbitre, exemple intentionnellement non humain. Une pierre qui roule, dit-il dans une lettre à Schuller (Lettre LVIII, 1674), est mue par une impulsion extérieure, produite par autre chose qu'elle. Prêtons, par hypothèse, la conscience, le pouvoir de réflexion sur soi, à cette pierre en mouvement. Réfléchissant son acte présent, mais n'apercevant pas ses causes hors de son champ actuel d'expérience, cette pierre ne percevrait pas cet acte comme un effet, et l'attribuerait alors spontanément à son propre pouvoir autonome de production, elle se créerait le libre arbitre. Son mouvement ne lui semblerait alors que l'effet de sa pure décision, elle ne roulerait que parce qu'elle veut bien rouler. Certes, elle ne pourrait arrêter son mouvement, mais elle croirait le pouvoir, et ne croirait le continuer que parce qu'elle en a décidé ainsi, dans sa spontanéité absolue. Et ainsi se crée le mythe d'une volonté toute-puissante, d'une faculté qui ne tirerait son être que d'elle-même (la notion de faculté est liée à celle de libre arbitre : une faculté est une obscure réserve d'actes en puissance dont l'actualisation est facultative). Cette pierre, prise au vertige de son propre mouvement, ne croirait alors expérimenter la non-liberté que sous la forme extérieure de la contrainte, c'est-à-dire que comme une contrariété opposée de l'extérieur à la poursuite de son mouvement propre.

D'ailleurs, pour prolonger d'autre manière cet exemple spinoziste, ne parlons-nous pas de « chute libre » quand une pierre ou un autre corps tombe sans obstacles, et ne prenons-nous pas cette simple absence de contrainte pour une véritable liberté, alors qu'il ne s'agit certes pas, en cette circonstance, de liberté, au sens de libre arbitre, mais d'un effet du strict déterminisme universel de la nature ? Cet exemple nous montre bien que le libre arbitre ne peut véritablement s'expérimenter, qu'il ne fait jouer que des illusions d'expérience ; ou plutôt (car toute expérience est réelle) que des expériences sur le sens desquelles il s'illusionne. L'expérience n'est pas ici fausse, elle est faussée ; forcée par une interprétation qui ne se donne pas pour telle et qui la fait passer pour une expérience complète alors qu'elle n'est que partielle, pour une expérience positive alors qu'elle n'est que négative (nous n'expérimentons le libre arbitre que dans l'absence apparente de motifs contraignants en nous et non en lui-même, de façon positive, comme pouvoir de spontanéité), qui lui fait dire plus qu'elle ne dit, et en fait un faux témoin. Nous n'expérimentons jamais qu'une volonté déterminée, et les possibles autres, dont on croit que l'on pourrait justement les avoir choisis, on ne les a justement pas choisis, et on ne peut expérimenter par définition cette possibilité fantômale d'un autre choix — simple halo que la réflexion à l'œuvre dans la délibération antérieure a laissé se déposer autour de l'acte retenu — de façon réelle.

La profondeur mystérieuse du libre arbitre n'est ainsi qu'un effet de surface de cette activité partielle et limitée qu'est la conscience ; la spontanéité absolue n'est que l'effet d'une réflexion qui ne s'est pas encore suffisamment réfléchie ; le fondement s'avoue abîme d'ignorance ; et la volonté ne se porte au ciel que parce qu'elle ne peut trouver de sol sur lequel appuyer son existence hésitante. On ne peut faire valoir l'ignorance des causes pour une expérience de leur inexistence ; je suis contraint d'abattre les privilèges que je m'attribuais arbitrairement, et je dois reconnaitre la profondeur inconnue de mes actes, aveuglée jusque-là par le voile de ma suffisance. Le triste Lafcadio est donc plus à psychanalyser qu'à célébrer comme héros de l'acte libre. Les causes sont ici aisément décelables : un désir inconscient de meurtre, de lâche vengeance, saisissant comme prétexte le thème si élevé et spéculatif du problème du libre arbitre. Le libre arbitre est bien loin d'être la cause ici de son acte, il n'en est que l'effet et la couverture. Lafcadio ne tue pas pour se prouver qu'il est libre, il ne se pose comme libre que pour pouvoir tuer. Son acte est donc bien le plus déterminé et le moins libre qui soit derrière l'attitude désintéressée du personnage de penseur par laquelle il ne cesse de se regarder. L'horreur de son acte n'est même pas excusée par l'erreur dont il aurait été victime, le libre arbitre renvoie bien souvent à la mauvaise foi. D'ailleurs, Lafcadio n'aurait-il pas autant, sinon peut-être davantage, prouvé sa liberté s'il avait décidé au dernier moment de ne pas tuer ?

Le libre arbitre, ainsi, loin d'établir la réalité et l'absoluité de notre liberté, se révèle au contraire à nous comme l'effet et l'instrument de notre plus profonde aliénation. Non seulement, en effet, nous nous trouvons en fait déterminés, mais encore déterminés à ne pas savoir que nous sommes déterminés, et ainsi à l'être d'autant plus sûrement. Nous sommes si déterminés que nous le sommes ironiquement à nous croire libres. Jamais la notion d'illusion ne justifie si bien son étymologie que pour le libre arbitre : *illudere*, terme latin signifiant « se jouer de ». Le libre arbitre, c'est le déterminisme qui se joue de nous.

Nous sommes ainsi paradoxalement aliénés par notre sentiment même de liberté. Nous sommes doublement déterminés, notre volonté déjà déterminée étant déterminée en outre par sa tendance à se croire en son fond indéterminée. Le libre arbitre n'est pas ce qui nous découvre notre liberté, mais au contraire ce qui recouvre, verrouille et consacre notre aliénation. Pas d'être plus déterminé que celui qui l'ignore ; le motif inconscient est le plus implacable ; pas d'esclave plus esclave que celui qui se croit libre ; pas de plus grande impuissance que celle qui ne se connaît pas face à un déterminisme qu'elle ne connaît pas.

Et il n'est certes pas de spectacle plus consternant que celui offert par l'être qui ne voit sa liberté que dans la suppression optimale des contraintes entravant la réalisation de sa volonté la plus aliénée, alors qu'il la croit la plus libre et qu'il ne réfléchit jamais. La contrainte n'est qu'une négation extérieure de notre liberté, l'aliénation en est, par contre, une négation interne, elle est ce par quoi je ne m'appartiens pas réellement moi-même, ce par quoi ce que je suis et veux ne provient pas de moi, mais de causes étrangères qui gouvernent ma volonté, en moi, à mon insu. Le passionné, ainsi, bien souvent, au début surtout, se croit libre, alors qu'il est emporté par son désir fasciné et déterminé aveuglément par l'objet extérieur. L'ivrogne également, dit Spinoza, se croit libre au moment même où, parlant trop, il dit ce que, plus tard, il voudrait bien avoir tu.

Et certes, cette tendance, que l'on pourrait appeler centrifuge, de la conscience, de regarder devant soi, et de s'emporter de son propre mouvement, est naturelle, biologiquement nécessaire ; c'est le primat vital de l'action sur la réflexion. Mais, précisément, l'établissement de notre liberté est l'affaire de la réflexion, non de la croyance aveugle en l'impulsion de l'action dans laquelle peut-être on est bien davantage agi qu'agent. C'est justement le signe de l'aliénation la plus réussie, sa maîtrise optimale, que de se faire invisible, et ainsi inattaquable et imparable, que de se faire passer pour liberté. Nous devons bien nous méfier de nous-même quand nous nous déclarons, dans la sonorité enivrante du verbe, et sans plus de réflexion, libres, en prenant cette assurance, subjective, vécue, pour certitude. La conscience immédiate de la liberté n'est en fait qu'une conscience aliénée et aliénante de la liberté. Et ce rêve de liberté ne peut même pas revendiquer la liberté du rêve, et recueillir la liberté dans le pays de l'imaginaire, puisque l'imagination ici en jeu est strictement, comme l'a montré Spinoza, déterminée et nécessaire.

Mais alors, qu'en est-il de notre liberté ? Ne nous reste-t-il plus qu'à en désespérer ? La liberté ne serait-elle qu'un soleil illusoire et tentateur qui ne ferait que projeter devant nous les barreaux de notre prison et ne servirait qu'à nous inspirer le regret de notre condition réelle sans pouvoir nous donner de quoi y remédier ? La liberté ne serait que rêve de prisonnier se tourmentant inutilement lui-même.

en moi une possibilité morale qui me prouve mon indépendance par rapport à tous les déterminismes naturels et sociaux qui m'affectent.

Un tel pouvoir de contradiction et de résistance à la pente naturelle de mon être atteste qu'il y a en moi une autre force, supérieure mais bien plus difficile, indépendante des autres : ma liberté, qui ne s'accomplit donc que dans la morale. Le devoir ainsi, pour Kant, n'éteint pas ma liberté mais, au contraire, la révèle et la consacre. La morale, plus précisément, n'est que l'exercice même de ma volonté en tant que, dans tout ce qu'elle veut, elle se veut universelle. Kant définit ainsi l'impératif catégorique : « Agis uniquement d'après la maxime qui fait que tu peux vouloir en même temps qu'elle devienne une loi universelle. » (*Fondements de la métaphysique des mœurs*, 2e section).

Ainsi, liberté et loi ne sont pas contradictoires. L'accession morale consiste même à comprendre que la seule loi absolue est la liberté (que je dois d'abord respecter au sein de ma propre volonté ; je ne peux respecter autrui si je ne me respecte pas moi-même, et la morale repose avant tout sur mon rapport à moi-même), et que la morale n'est que la liberté faisant loi, c'est-à-dire cherchant à être universelle ; à condition bien entendu de ne pas confondre la liberté avec la fausse liberté de faire ce qu'il nous plaît, qui consiste en fait à s'abandonner et à s'aliéner à tous les déterminismes de rencontre. La vraie morale consiste donc dans le respect de la volonté libre universelle pour elle-même.

La liberté n'existe que tendue dans l'effort moral, que comme tension, jamais achevée, de la volonté. Ma liberté est toujours liberté par rapport à la pression de mes penchants, de mes intérêts, de mon caractère sensible, qui me font toujours mal agir, m'aliènent et me particularisent. Bref, la liberté est ma décision à l'universel et le dépassement de mon être empirique, fini et déterminé. Mais une telle liberté, se définissant comme autonomie de ma volonté, suppose bien encore à sa racine une forme du libre arbitre, constitutif de toute morale, sur laquelle repose la décision incompréhensible de ma volonté de respecter ou non la loi morale en moi. Ce libre arbitre, étant nouménal, liberté transcendentale, ne peut faire l'objet d'une expérience directe, sans ambiguïté et ne peut être saisi ; cœur de moi-même, il m'échappe pourtant, pleinement compréhensible, et ne se manifeste que dans ses effets.

Toute la positivité de la démarche kantienne, qui redonne à l'idée morale sa pureté et son exigence, ne peut ainsi se recueillir dans une certitude morale de soi. L'inquiétude habite toujours ma volonté : mon rapport à la loi morale est-il vraiment pur, clairement dégagé de tout motif sensible et affectif ? Mais ceci est constitutif de l'acte moral qui, s'il devenait savoir indiscutable de soi, ne pourrait plus être, au même degré, exigence envers soi, être volonté. La volonté morale ne peut reposer sur l'évidence ; à partir du fait indiscutable de la présence de la loi en moi, elle doit être vouloir de soi.

Sartre

Sartre, comme il le déclare lui-même, va reprendre l'inspiration cartésienne et la développer ; mais en y supprimant l'absolu, Dieu, il va rendre absolu ce qui lui était relatif chez Descartes : la liberté humaine. La liberté chez Sartre ne peut se comprendre que par l'interprétation qu'il donne de la subjectivité. Il faut toujours partir de la subjectivité, disait-il. Qu'est-ce qu'être un sujet ? C'est ne pas pouvoir coïncider avec une essence. La liberté, chez Sartre, est absence d'essence. Ce qui s'identifie totalement avec son essence, avec soi-même, n'est pas libre ; c'est un objet, non un sujet ; tout entier, il n'est que ce qu'il est, rien d'autre.

La subjectivité, elle, est vacillement de l'identité. La critique déterministe déclarait : « Je veux ce que je veux parce que je suis ce que je suis » ; elle se fondait donc sur l'identité de l'être avec lui-même, sur une ontologie de l'identité. Elle renvoyait donc l'être à son être. Sartre répond en installant justement l'altérité au cœur de l'identité de la subjectivité humaine, en promouvant une ontologie du négatif. Il nous fait soupçonner que nous ne sommes jamais vraiment nous-même, que nous jouons toujours à être ce que nous sommes ; nous n'avons pas d'« être-en-soi », ou celui que nous avons, nous le « portons », nous nous faisons constamment être ce que nous sommes ; nous le soutenons tout entier de notre « être-pour-soi », de notre conscience.

L'être du sujet ne peut reposer tranquillement en lui-même, il enferme en lui une fissure imperceptible qui l'empêche de se laisser être absolument ce qu'il est, qui le voue à l'inquiétude de décider en permanence de son être, de vouloir être ceci ou cela, et non de vouloir simplement selon son être. L'existence humaine est de part en part liberté, mouvement vertigineux de ne jamais être ce que l'on est, d'être délié de toute essence.

La formule célèbre de l'existentialisme est : « L'homme est cet être en qui l'existence précède l'essence. » Exister, c'est sortir de son essence, s'aventurer à n'être qu'en étant autre que soi. Seule la subjectivité existe au sens plein du terme. La subjectivité est l'être qui existe, ce qui veut dire qui ne tient d'essence déterminée que sur le fondement de son indétermination totale, de son mouvement constitutif d'altérité à soi.

La subjectivité chez Sartre va jusqu'au fond de l'expérience de soi, jusqu'à toucher son vide fondamental, son néant qui est son âme. La condition humaine est précisément qu'il n'y a pas de nature humaine. La réalité humaine ne se définit pas par sa conformité à une nature, mais comme pouvoir non naturel de transformation de toute nature, dont celle même que l'on pense être la sienne. Exister, c'est ne pas être quoi que ce soit, sur le mode non problématique de l'essence, pas même soi-même, c'est n'être que ce qu'on veut être. L'homme peut être tout, puisqu'il n'est rien : « Il est ce qu'il n'est pas et n'est pas ce qu'il est » — *(l'Être et le Néant).* Cette impuissance de l'homme à adhérer purement et simplement à ce qu'il est est son pouvoir même, gros du vague de son indétermination. La liberté humaine est le pouvoir infini du négatif. Le mode d'être de la subjectivité sera donc le projet. J'existe d'abord, je me définis ensuite ; exister, c'est se choisir, c'est être libre.

Exister, c'est être toujours au-devant de soi, c'est porter son être par son vouloir-être. Exister, c'est toujours se dépasser, puisque ce n'est jamais se laisser être ce que l'on est. Seule la mort, destruction de mon existence, me ramène paradoxalement à l'être : dans la mort, je suis devenu pleinement ce que je suis, c'est-à-dire ce que j'ai été ; et mon identité figée y devient définitivement l'objet du jugement de tous, sans plus jamais pouvoir le démentir.

L'existentialisme de Sartre est, par-là, malgré les apparences, une morale d'une extrême dureté. Puisque je suis le pur projet de mon être, je suis intégralement responsable de moi-même et de mes actes. Comme le dit Sartre, « je n'ai pas d'excuses » ; je ne peux jamais excuser ce que j'ai fait en accusant des déterminismes qui ont conspiré, à travers moi, à produire mes actes. Non seulement mes actes, mais tout mon être sortent de ma liberté et n'ont pas d'autre source.

Dans cette perspective, le futur devient la catégorie même de ma liberté ; ma liberté n'est liberté qu'en étant pour le futur, c'est-à-dire pour cette zone de non-être où rien n'est déterminé, par laquelle elle dépasse sans cesse ce passé qui l'identifie. Le temps est ainsi ce par quoi la subjectivité déploie l'altérité à soi qui la constitue ; il est la possibilité ontologique même de ma liberté.

Certes, Sartre n'est pas aveugle quant aux déterminismes, psychologiques, sociaux, biologiques, historiques surtout, qui pèsent sur mon être et conditionnent ma liberté. Mais ces déterminismes n'ont de pouvoir de détermination sur moi qu'autant que je le veux bien. C'est moi qui détermine ces déterminations à me déterminer, c'est moi qui laisse faire ce qui me fait ou non.

Certes, ce n'est pas moi qui ai choisi de naître en tels ou tels lieux et milieux, qui ai choisi mon enfance, ce que l'on a dit et fait de moi ; mon être n'est pas antérieur à lui-même, sans quoi mon être serait avant d'être ; ce n'est pas cette absurdité que veut dire Sartre. Mais c'est moi qui décide de mon rapport à toutes ces données antérieures et extérieures à moi, c'est moi qui choisis de les accepter ou de les combattre ; c'est dans ma liberté qu'elles acquièrent leur sens. Je n'ai pas choisi d'exister ; mais en existant je choisis d'exister puisque je pourrais vouloir cesser d'être ; je suis libre, puisque je suis libre de n'être pas ; et donc je suis « être » libre ; j'affirme donc l'existence en existant. Choisir, c'est bien ainsi souvent rechoisir, mais ce n'en est pas moins un choix authentique. Le donné qui m'est fait est donc la matière sur laquelle ma liberté s'exerce, et n'est tel que pour elle et par elle. De même, la contrainte ne se tient comme telle que face à une liberté qui lui donne son être et son sens de contrainte, c'est-à-dire de contrariété au projet actuel dans lequel se définit cette liberté, et ne peut exister sans ce dernier. Certes, il y a toujours des motifs qui me pressent et qui me poussent dans mes actes qui peuvent toujours de proche en proche être renvoyés à un entrecroisement de déterminismes divers. Mais c'est moi toujours qui donne à mes motifs (dont la notion est ainsi bien différente de celle de cause, et ne peut s'y ramener) leur être et leur force de motifs, lesquels, comme le disait Leibniz, « m'inclinent sans nécessiter ».

Ma liberté est donc le rapport de tous les rapports, sous lesquels, dans le monde, je peux être déterminé. Je ne peux même m'aliéner que par ma liberté ; et dans tout esclavage il y a une certaine part, scandaleuse, de consentement ; je pourrais toujours refuser d'obéir, quoi qu'il m'en coûte ; et ma mort est ici mon ultime possibilité de liberté. Toutes les négations apparentes de la liberté, déterminismes, contraintes, dépendances, ne tiennent donc que par ma liberté. Je ne puis me décharger de cette liberté qui m'étreint toujours à travers ses défigurations mêmes, et tout dans le monde me renvoie à moi, à ma responsabilité absolue.

Ainsi, ma vie est bien la mienne ; ce qui me fait dépend de ce que j'en fais ; les déterminismes extérieurs ne m'exproprient pas de moi-même, mais ne s'annoncent que sur fond de ma liberté. Il n'y a donc pas de destin, sinon celui de ma liberté même d'être irréductiblement un sujet : « Je suis condamné à être libre. » On ne peut donc jamais se débarrasser de soi ; je suis à jamais astreint à ma liberté, poids extrême de ne pas avoir de poids ; et l'œil de Caïn est ma propre conscience.

Cependant, le projet est acte de liberté, mais aussi acte de détermination de la liberté par elle-même. La liberté ne peut rester dans son indétermination constitutive, elle ne peut changer de projet à chaque instant (fidélité à soi de la liberté à laquelle s'astreignait déjà le Dieu cartésien), elle doit accepter le temps. La liberté doit se déterminer ; elle ne peut rester libre arbitre, elle doit se faire engagement. La morale de Sartre est une morale de l'engagement de la liberté ; la liberté doit se faire volontaire et militante (et ici la jonction historique de Sartre et du marxisme marque cette nécessité pour la liberté de s'engager dans la lutte contre les aliénations sociales de la liberté que le marxisme atteint jusque dans leur fond pour Sartre). Non-être, elle doit pourtant d'une certaine manière chercher à être, et l'engagement est engagement de la liberté dans l'être.

Mais, dès lors, la liberté se limite, tout en demeurant, en son-fond, absolue. En s'engageant dans un certain projet, la liberté s'engage envers les conditions liées à ce projet ; en choisissant, elle choisit d'assumer les conditions du choix ; elle se fait situation : il n'y a de situation que par la liberté, il n'y a de liberté qu'en situation. La liberté accepte et porte alors tout le donné du monde ; elle accepte le poids des choses, d'autrui, du temps ; elle accepte tout cela, parce qu'elle se veut elle-même, parce qu'elle veut sa réalité.

Ainsi, l'acte historique — dont le sens profond est de vouloir universellement la liberté — est acte de liberté, qui décide de soi, mais qui décide de soi dans une certaine situation qu'il n'a pas été seul à constituer, et qui est un nœud complexe de données qui va le moduler, l'infléchir, ira peut-être même jusqu'à le pervertir. Lutter, c'est toujours accepter l'adversaire, c'est même accepter la possibilité de la défaite.

La liberté entre ainsi dans le monde, elle accepte le rapport à l'être, sans jamais pouvoir s'y réduire ; d'une certaine manière, elle se sacrifie, elle s'insère dans les chaînes de causalité du monde et dans un déterminisme de l'action dont la logique peut parfois lui échapper ; la liberté, en quelque sorte s'aliène ; d'une certaine manière, la liberté ne peut être qu'en étant aliénée ; mais l'aliénation n'existe que par et pour la liberté et donc enveloppe par définition en elle l'espoir de la libération.

Cependant, cette liberté, par quoi tout ce qui est prend sens, n'est pas elle-même enserrable en un concept. Elle est le fond mystérieux et irrationnel de mon être, ce qui transparaît à travers tous mes actes sans apparaître. La liberté est donc une limite de la pensée ; elle est à peine pensable. La subjectivité vit donc sa liberté comme une dimension intérieure de transcendance absolue, une dimension métaphysique de moi-même par laquelle je ne suis au monde qu'en échappant au monde, à l'être, à moi-même. Le sujet est un échappement absolu et permanent à soi, et c'est justement ce par quoi il est libre. Ce qui exprime le mieux cette vocation d'échappement absolu, qui est le fond de la subjectivité humaine, c'est peut-être l'imagination. Dans l'imagination, c'est toujours la liberté qui imagine. Imaginer, c'est « néantiser » ce qui est et faire être ce qui n'est pas. Il y a comme un *cogito* imaginatif chez Sartre : j'imagine, donc je suis libre. Et Sartre déclare ainsi : « L'irréel est produit hors du monde par une conscience qui reste dans le monde et c'est parce qu'il est transcendentalement libre que l'homme imagine » (« *l'Imaginaire* », Livre IV). Il est donc impossible de trouver absolument qui on est ; et cette recherche de soi, comme d'une identité déterminée mais secrète, recherche qui semble la plus sensée et la plus nécessaire, est pourtant la plus insensée qui soit. Chercher qui l'on est est la tentative illusoire de déterminer ce qui est l'indéterminable même, de chercher une chose dans ce qui n'est pas une chose, dans ce qui fait que je ne suis pas une chose. Chercher qui on est est ainsi en fait la tentation d'une liberté de se faire à nouveau chose, être plein et positif qui n'a qu'à être ce qu'il est.

Il est un style de projet de la liberté dans lequel ne s'expriment que son regret de l'être-chose et sa tentation de la régression. La liberté est bien en effet intenable, à la fois poids et abîme. C'est pourquoi il y a comme un recul originaire de l'homme devant sa liberté, une hésitation de l'être libre au seuil de sa liberté. La liberté n'est pas définissable, elle est le vide qui insiste en moi, elle cherche à être mais n'est jamais : la liberté est donc angoisse de ce qui est absence radicale d'essence, fuite absolue de toute prise et de tout fondement sur lequel faire reposer mon être et mes valeurs, renvoi permanent à soi qui est échappement à soi ; angoisse si bien reconnue par Kierkegaard, pour qui elle était l'élément même dans lequel se livre à nous notre liberté. De là une aliénation originaire de la liberté ; de là la mauvaise foi (ou encore ce que Sartre appelle l'esprit de sérieux), c'est-à-dire cet effort pour être quelque chose, sur le mode compact de « l'en-soi », de l'identité indiscutable à soi, pour s'identifier à ce que l'on croit être, et être ce à quoi les autres vous identifient ; la mauvaise foi est ce vacillement devant sa liberté, cet effort pour réduire l'irréductibilité de sa subjectivité, et reposer enfin sa liberté sur l'être. L'identité s'indique ici paradoxalement non comme tentative de s'atteindre enfin mais au contraire de se fuir, de fuir sa vérité, qui est de n'être rien de déterminé. Les autres et les choses ne pourraient si facilement m'aliéner s'ils ne trouvaient en ma liberté même une complicité secrète, dans sa tentation à descendre en l'être-en soi, à s'ensevelir dans le jugement des autres et l'inertie rassurante des choses.

Mais je suis sujet, transcendant à toute détermination et à toute nécessité. La liberté est expérience d'un absolu en moi que je ne peux relativiser, pas même à un concept. Il est de la liberté même qu'il n'y ait pas de concept de la liberté. La liberté n'est pas plus définissable que je ne suis définissable ; définir la liberté serait non l'affirmer, comme quand il s'agit d'un être-en-soi, mais la nier ; comme le disait Bergson : « Toute définition de la liberté donnera raison au déterminisme. »

La liberté ne peut donc être qu'expérience, et expérience d'échappement, expérience qui par définition ne peut se posséder. Ma liberté, qui est mon rapport à moi-même, m'échappe comme je m'échappe à moi-même, et ne peut tomber sous un rapport ferme par lequel je puisse me l'approprier, la posséder par mon être et ma pensée. La liberté ainsi est un mystère ; je ne peux en rendre raison ; elle est la source transcendante à ma raison dont tout mon être et ma pensée procèdent, mais dont je ne peux remonter le courant. Mais alors ma liberté est séparée d'elle-même ; l'aliénation entre inévitablement dans son rapport à soi ; elle est inconnaissable, contradictoire, et tragique. Je suis alors double, et ne peux surmonter cette dualité, et coïncider avec ma liberté, cœur de mon être, puisqu'elle est non-coïncidence absolue. Inconnaissable, la liberté n'est pas non plus vraiment réalisable. N'étant pas en effet un être, elle ne peut devenir un être sans cesser d'être ; elle n'est qu'en n'étant pas. Être, pour elle, serait se nier. C'est pourtant la tâche impossible que se donne l'homme, librement, et à laquelle il s'engage, de toute son existence, dont tout le sens consiste à chercher à « faire être » la liberté. Le sens de l'existence fait ainsi d'une certaine manière contre-sens envers lui-même ; mon existence s'épuise à l'impossible : la liberté ne peut jamais être tout à fait du monde puisqu'elle n'est liberté que parce qu'elle échappe au monde, puisqu'elle ne se présente dans le monde que comme absence. Un monde de la liberté serait donc une contradiction.

L'homme, être libre, est donc une contradiction en son être ; « l'homme est une passion inutile » (voir fin de « *l'Être et le Néant* »).

Chez Sartre ainsi, la liberté, en se voulant absolue, finit par se contredire, et en voulant être tout parce que rien finit par risquer de n'être rien du tout. L'absolu nous engage dans la tragédie d'une liberté malheureuse qui ne peut être absolument qu'en n'étant pas, mais qui s'interdit dès lors de se vouloir sans tomber par-là en contradiction avec elle-même ; il rend l'unité à soi de la liberté, c'est-à-dire la sérénité, impossible, et en fait même un mythe. Finalement, ainsi, non seulement l'imagination chez Sartre est l'expérience privilégiée de la liberté mais elle en est même peut-être la destination ultime. Il y a bien connivence : la liberté et l'imaginaire ont tous deux ce caractère d'être en n'étant pas, de n'être pas leur être et d'être par leur non-être. Mais alors, malgré le thème constant de l'engagement, malgré le fait que l'imagination la sauve de tout repos sur l'être, la liberté peut-elle être autre chose qu'une liberté imaginaire ? L'absolu de la liberté ne se gagne-t-il pas alors chez Sartre qu'au prix de sa réalité, que dans un « surréalisme de la liberté » ?

TROISIÈME PARTIE

La possibilité de la liberté comme réflexion de la nécessité

L'énergie de l'attitude sartrienne et la rigueur féconde de sa morale ne doivent pas être oubliées dans toute problématique de la liberté. Le discours de Sartre a un pouvoir irremplaçable de dénonciation de toutes nos lâchetés ; il nous met face à notre liberté et manifeste que notre liberté ne dépend en profondeur que d'elle-même, que toute notre liberté et notre destin, sont comme en attente de nous-même, que nous avons à être dignes de notre liberté. Sartre nous montre ainsi que c'est finalement par notre liberté même que nous répondons à la question de la liberté ; que c'est nous qui décidons, en un certain sens, si nous sommes libres ou pas ; qu'être libre est d'abord la décision de l'être. Par là, il rappelle encore Descartes qui, dans ses réponses aux 5e objections aux *Méditations métaphysiques* (p. 499, bibliothèque de la Pléiade), renvoyait malicieusement son interlocuteur (Gassendi) à lui-même, et sa négation de la liberté à sa liberté elle-même : « Ne soyez donc pas libre, si bon vous semble. »

Certes, nous ne sommes pas libres involontairement ; pas de liberté sans volonté de liberté. D'une certaine manière, donc, la liberté s'inaugure elle-même ; elle n'attend pas d'être ; elle ne se tient pas patiente dans la salle d'attente de la pensée, soumise d'avance à la réponse qui lui fera savoir s'il lui est possible et permis d'exister ou non ; elle n'attend pas contradictoirement d'être déterminée à être ; elle décide d'être ; la liberté, pouvoir de commencement, se commence et se commande elle-même. La liberté est donc avant tout une affaire éthique, une affaire de la volonté, et non pas une pure et simple affaire spéculative. Dans la question de la liberté que se pose la pensée, ce serait la volonté seule qui pourrait s'avancer et répondre à la pensée.

Mais l'impatience de la volonté nous suffit-elle ? Sartre éprouve bien le besoin de chercher à cette auto-impulsion de la liberté un fondement métaphysique. Le mouvement se prouve peut-être en marchant ; mais il ne suffit pas de marcher pour savoir si c'est bien nous et notre volonté qui en sommes la cause. La pierre de l'exemple de Spinoza (*Cf* chapitre I) nous le montre bien. Et puis, si la liberté se commençait absolument elle-même, s'il fallait vouloir vouloir pour vouloir ; alors, pourrait-elle vraiment un jour commencer ? Le commencement reculerait en effet de lui-même dans une régression à l'infini : s'il faut vouloir vouloir pour vouloir, alors il faut bien sûr vouloir vouloir vouloir pour vouloir vouloir ; et ainsi à l'infini. La liberté se paralyserait ainsi elle-même d'être pur et absolu commencement ; elle s'empêcherait de commencer d'être en voulant être pur commencement. Il faut donc bien que la liberté se fonde sur un être qui soit déjà, elle ne peut être autocréation, c'est-à-dire qu'elle ne peut être libre arbitre. La liberté du non-être n'est que le non-être de la liberté.

Avons-nous bien pensé la notion de liberté ? N'avons-nous pas fait depuis le début un contre-sens radical sur elle, victime de ce préjugé têtu de l'opposer à son contraire apparent, la notion de nécessité, ce qui nous empêchait de pouvoir la penser et en faisait l'impensable même, l'indéterminable ? Le libre arbitre ne pouvait se poser que sous condition de ne pas pouvoir se comprendre, sans quoi il se serait contredit, lui-même, en se déterminant et se serait dénoncé lui-même ! C'est Spinoza qui retourne ainsi la question de la liberté (1).

Que pensons-nous vraiment quand nous pensons, quand nous

(1) Précisons bien que, dans ce chapitre, nous ne chercherons pas à exposer la philosophie de Spinoza mais seulement à nous en inspirer, en y mêlant parfois des réflexions qui ne sont pas dans la stricte ligne de sa pensée.

croyons penser, le libre-arbitre ? Rien du tout, le non-être, et nous prenons ce rien de pensée pour la pensée la plus haute, la plus ineffable et exquise, touchant l'absolu même en nous. Nous ne sommes alors encore que le jouet du langage, d'un pseudo-langage : nous parlons véritablement pour ne rien dire, et nous ne savons pas alors vraiment ce que nous disons. Cette liberté, absence de contenu, pouvoir indéterminé de création indéterminée, est liberté du vide, et se renverse en son contraire, le vide de liberté, sitôt que l'on en exige légitimement une approche plus précise. Dans le libre-arbitre, on se laissait aller à l'imagination angoissée de sa liberté. Le libre arbitre, ainsi, impuissant à se penser, à se poser dans un concept, se livre toujours à la tentation de se réfugier dans un discours irrationnel et oppose liberté et raison, tendant à faire la liberté irrationnelle et la raison aliénante.

Aussi Spinoza, dans la puissance d'un déterminisme radical capable, peut-être seul capable, de penser la liberté, va-t-il rapprocher ces notions apparemment contraires de liberté et de nécessité ; apparement contraires puisque l'être nécessaire est celui qui ne peut pas ne pas être, ce dont le contraire est impossible, ce qui n'a aucun choix ; nécessairement, la nécessité semble bien donc s'opposer à la liberté, entendue alors comme libre arbitre, absence de nécessité, pure contingence.

Mais alors, le libre arbitre n'était qu'un concept négatif, un anticoncept : il ne tenait que par son opposition à une notion contraire, celle de nécessité, se condamnant ainsi toujours au dualisme ; rien de plus contradictoirement dépendant que ce libre arbitre : on ne le pensait jamais en lui-même, mais que par rapport à autre chose, que sur son bord : la nécessité. Le libre arbitre, nécessairement, ne pouvait se passer de la nécessité ; ne s'appuyant que sur son contraire, sans consistance propre, le libre arbitre finalement ne nous parlait que de la nécessité et ne se pensait que par elle.

Non seulement Spinoza va dès lors dissoudre leur opposition apparente, mais il va les identifier absolument l'un à l'autre. Ce ne sont pas les termes de libre arbitre et de liberté qui sont synonymes, mais au contraire ceux de liberté et nécessité. On ne peut pas comprendre la liberté si on ne comprend pas qu'elle ne s'oppose pas à la nécessité, qu'elle est même la même chose.

Que pensons-nous quand nous pensons que quelque chose est libre ? Que cette chose exprime sa nécessité propre. Être libre, c'est être parfaitement soi-même, c'est accomplir sa nécessité (car nous sommes bien toujours déjà quelque chose et non pure disponibilité indéterminée, étant dans le monde et du monde ; et Spinoza raille ceux qui pensent, de façon purement imaginative, que la liberté absolue serait de pouvoir être poisson, rocher, oiseau, et qui vident ainsi la liberté de tout contenu et de tout sens, confondant la liberté avec l'absurdité du n'importe quoi) ; et plus un être est nécessaire, et plus il est libre. Dieu, dit Spinoza, est l'être absolument nécessaire et en même temps absolument libre. Sa perfection est précisément d'être absolument nécessaire, intégralement positif, et elle n'est altérée par aucune possibilité en elle d'hésitation : Dieu ne choisit pas, il ne choisit rien : il est pleine nécessité, liberté parfaite, il est absolu. Dieu, « ou la Nature, ou la Substance », qui enferme tout en lui, qui est le réel même (et n'est pas une personne, comme le Dieu chrétien, être moral), est donc le fond de liberté de tout ce qui est. On mesure ici toute la distance entre les conceptions de la liberté chez Spinoza et chez Descartes.

Le nécessitarisme de Spinoza est aussi, et même surtout, une philosophie de la liberté, « grâce à Dieu », grâce au concept absolu de la liberté qu'est Dieu ; le pire contre-sens, hélas bien fréquent, que l'on puisse faire sur la philosophie de Spinoza est d'en faire un fatalisme. Dieu est le tout du réel hors duquel il n'est rien, et qui donc, ne dépendant que de soi, est sa propre norme de réalité, de vérité et de sens. Le réel, mouvement infini d'autoréalisation, est donc liberté. La liberté est donc réelle, ce n'est pas un pur idéal ; ou plutôt, elle est l'idéal d'une pleine réalisation du réel, elle est le vrai idéal, l'idéal réel. Être libre, c'est simplement être pleinement réel. Dieu, n'étant que cela, n'admettant aucune extériorité, ne peut s'aliéner, est par définition libre, est la définition même, le concept absolu de la liberté.

On voit toute la positivité d'une telle conception de la liberté. La liberté n'a plus besoin, comme quand elle se définissait comme libre arbitre, d'une racine métaphysique qui l'accroche hors du monde et la sauve de la détermination. Je n'ai plus, pour être libre, à m'inscrire dans un autre monde, et à pourvoir ma volonté d'une propriété métaphysique spéciale qui l'excepte, miraculeusement, du déterminisme du réel. La liberté, avec Spinoza, devient réelle et connaissable. Elle n'oscille plus métaphysiquement entre l'espérance idéalisée et le désespoir de retomber et de s'éteindre dans le monde, entre une déréalisation de la liberté qui conduit à l'indifférence à son égard, et une impuissance à la penser comme réelle dans et par le monde ; entre un idéalisme vide, où la liberté s'opppresse d'être dans le monde, et un réalisme sans idéal, qui ne trouve pas de sens à l'être ; entre la réalité intime d'un sentiment de liberté et le sentiment de son irréalité dans le monde. Le libre arbitre « s'angoissait » ainsi aussi bien d'être que de n'être pas. La liberté, avec Spinoza, n'est plus un tourment inutile et vide, et le lieu d'un questionnement anxieux de soi et de l'être, elle est le plan consistant où se développent, dans leur réalité, mon existence, mon agir et ma pensée.

Quand je définissais la liberté par la contingence, comme libre arbitre, j'affaiblissais son affirmation, j'établissais une contingence de la liberté qui la rendait évanouissante, qui l'empêchait de s'affirmer. Si la liberté d'indifférence est si indifférente, elle ne se soutient même plus, elle se renverse en indifférence à la liberté et se laisse déterminer par toute chose. Le libre arbitre est l'affirmation d'une liberté affaiblie. La liberté d'un être, montre Spinoza, est au contraire sa puissance même, la puissance de son être, sa puissance à être ; elle est le centre d'où mon être s'irradie et conquiert toute sa réalité.

La liberté, avec Spinoza, se fait force et s'identifie avec l'être même, en son essence. Faire de la nécessité liberté engage ainsi une nécessité de la liberté. La liberté ne joue plus avec l'irrationnel, l'absurde, le non-être ; la liberté acquiert sens et essence. La liberté n'a plus à être absurde pour être libre. Accomplir la liberté, c'est accomplir ce qu'il y a de plus nécessaire ; c'est s'accomplir dans sa nécessité profonde et impérieuse. La liberté est toujours liberté d'un être, et est l'accomplissement de cet être et de son essence. La liberté est ainsi toujours essentielle, c'est même « l'affaire » essentielle de tout être et du monde. Être libre, c'est coïncider avec son essence, c'est être un dans tout le déploiement de son existence. La liberté, loin alors de me détacher du monde, m'incorpore étroitement au monde. C'est précisément quand je sens s'accomplir en moi la plus profonde nécessité que je recueille le sentiment le plus vif de liberté. La liberté est trace en moi de Dieu, de l'Absolu, de la plénitude de l'affirmation de l'être par lui-même.

Spinoza ne me fait pas entrer pour autant dans un règne idyllique où le soleil de la liberté éclairerait d'une égale positivité tous les êtres. La liberté se problématise dès lors que l'on passe de l'être de Dieu, régime absolu de la liberté, à l'existence de ce que Spinoza appelle (par distinction d'avec la notion de substance) les modes, c'est-à-dire tous les êtres qui sont relatifs et non absolus, qui ne sont pas Dieu, quoique en Dieu, comme tout ce qui est. C'est qu'en effet, dans ce type d'existence, qui est aussi bien sûr celui de l'homme, la notion de nécessité, unique en Dieu, se distingue en nécessité interne et en nécessité externe.

La nécessité externe est tout ce dont mon être n'est pas la cause et qui l'englobe comme découlant nécessairement de cette autoproduction infinie qu'est Dieu ou le réel. Ainsi, les lois universelles de la nature et tous les phénomènes qu'elles produisent : la loi de la pesanteur, la chute de cette feuille. Tout ce qui est, parce qu'il est nécessaire, produit par des causes selon l'enchaînement universel de la nature et de ses lois peut nécessairement se comprendre (ce qui ne veut pas dire bien sûr qu'il le soit d'emblée, bien au contraire) ; et il est de la nécessité, c'est-à-dire de la liberté, de ma pensée de toujours comprendre davantage la nécessité de tout ce qui est.

La nécessité interne, qui est le cœur de ma liberté, est le mouvement même de mon essence propre, le mouvement même par lequel mon être, originairement et toujours (sans quoi il ne serait pas), s'affirme lui-même dans l'être, et toujours davantage. Cette auto-affirmation de mon être par lui-même, qui est le ressort nécessaire de toute existence (et il n'est donc jamais d'existence inerte, absolument passive ; cette pensée amène aussi Spinoza à une réflexion intéressante sur le suicide qui n'est, selon lui, que le dernier acte d'une mort en fait déjà accomplie, l'être qui se suicide étant déjà totalement investi et nié de l'intérieur par des forces extérieures qui s'opposent à son existence et s'y sont substituées), c'est ce que Spinoza appelle, d'un terme latin, le *conatus*, c'est-à-dire le désir constitutif de mon être d'être et d'agir.

Le fond de mon être est donc désir, et le fond du désir, de tout désir, est désir d'être, et d'être le plus intensément et le plus profondément « qu'il est en lui ». Le désir est la tension fondamentale de la nécessité en moi ; le désir est toujours dans sa profondeur désir d'être libre ; de Descartes à Spinoza, on passe de la volonté au désir. Mais ainsi, définie par sa nécessité interne, ma liberté n'en dépendra pas moins, étant être dans le monde et par le monde, du rapport de ma nécessité interne à la nécessité externe. A la différence de Dieu, qui enveloppe tout ce qui est dans l'intériorité de son être, mon être, étant relatif, étant débordé de toute part par ce qui est, peut être aliéné. La liberté, sur le plan du mode, n'est donc plus la nature simple de l'être, mais devient un problème.

L'aliénation (1) est l'insinuation — dont la passion est le type

(1) Le terme d'aliénation n'existe pas chez Spinoza, qui utilise tout simplement l'expression de servitude, mais on peut dire que le concept (sans cependant toutes les déterminations que le XIXe siècle — Hegel, Feuerbach, Marx — va lui apporter) non seulement est présent chez lui, mais joue dans sa pensée un rôle essentiel, puisque le sens même de sa philosophie est de libérer le mode d'être humain.

même et le modèle de compréhension — de la puissance d'une chose extérieure en l'intériorité de mon propre désir, qui alors se met à collaborer étroitement avec elle contre lui-même. Dans l'aliénation, je perds le sens de moi-même ; toute aliénation n'est possible qu'en étant d'abord aliénation de la conscience, réflexion aveuglée de soi sur soi. S'aliéner, c'est donc se dédoubler, devenir étranger à soi-même, trouver au cœur de sa puissance la puissance de quelque chose de radicalement autre que soi et qui nie cette puissance. Dans l'aliénation alors, bien plus puissante et insidieuse que la contrainte qui demeure extérieure, je me trouve dépossédé de moi-même, mon *conatus*, investi de l'intérieur, se relâche, tend à se délaisser lui-même (Montaigne disait ainsi : « le défaut le plus fréquent des hommes est de mépriser leur propre être », ce qui n'est certes pas un encouragement à l'orgueil ; la plupart du temps, le mépris — de soi ou des autres — n'est ainsi que méprise), et se laisse faire de plus en plus par ce qui le défait. Mon désir, alors, admettant en lui et contre lui une extériorité croissante, n'est plus seule cause de ce qu'il désire. L'aliénation décompose donc mon être et le met sous un autre rapport que celui qui lui est constitutif.

Mais la nécessité externe n'est pas en soi antinomique (ni même d'ailleurs la passion qui peut aussi être positive : il y a passion et passion) d'avec ma nécessité interne. Ce n'est pas l'extériorité qui est négative, c'est mon rapport avec l'extériorité, qui, s'il se laisse totalement définir par elle, me vide purement et simplement de moi-même, et me transforme en cette ombre de soi-même, totalement constitué par ce qui n'est pas lui, qu'est l'être aliéné, lequel, « sitôt qu'il cesse de pâtir, cesse aussi d'être » — (Spinoza, fin de l'Ethique V, dernier scolie). Davantage même, le rapport entre nécessité interne et nécessité externe est un rapport de nécessité.

Comme je ne suis pas Dieu, nécessairement, je ne dépends pas que de moi ; je ne me détermine moi-même par moi-même qu'au sein de déterminismes multiples qui me déterminent et que je détermine. « Exister, c'est dépendre », disait Alain. Être, pour moi, c'est être en relation ; non que mon être s'épuise dans la relation, auquel cas il n'aurait pas d'être, d'essence propre, et ne pourrait être libre. Mais, d'une certaine manière, je dépends de tout, j'ai besoin que soit tout ce qui est, j'ai besoin de l'infini du monde ; et ainsi, j'ai besoin même de tout ce dont je n'ai pas besoin.

Être, pour moi, c'est être en relation de telle manière que ma nécessité interne s'accomplisse dans son rapport à la nécessité externe. Et plus je suis ainsi authentiquement, et plus je suis libre. La liberté est authenticité de mon mode d'être. La liberté en ce sens est vérité de l'être, et c'est pourquoi toute vérité essentielle est aussi liberté, et porte un sens de liberté. Chez Spinoza, c'est la vérité qui devient fondement de la liberté et non l'inverse, comme chez Descartes (et une des conséquences, alors, c'est qu'aucune liberté ne s'indique plus dans l'erreur ; il n'y avait de liberté dans l'erreur que parce qu'il y avait erreur dans la liberté).

Tout mon être dépend donc de l'harmonie de son rapport avec tout ce qui est, harmonie qui ne veut pas dire nécessairement absence de lutte. Mais lutter ne veut pas toujours dire sortir de l'harmonie et entrer en guerre contre soi-même. La liberté peut lutter sans s'aliéner, et même être sérénité.

La liberté ne se tient donc pas seulement dans la nécessité interne, elle est l'accord de la nécessité interne et de la nécessité externe ; elle consiste d'une certaine manière à retrouver l'unité ontologique de Dieu avec lui-même dans notre rapport au monde. Penser et connaître, par exemple, réalisent un tel accord, consistant ici en l'unité, qu'instaure la compréhension, entre l'esprit et un objet, entre leur nécessité propre respective. Agir est toujours également rechercher une telle unité. Agir, finalement, quelque soit l'objet immédiat de l'action, c'est toujours obscurément chercher sa liberté. Ainsi, la technique consiste bien à accorder la nécessité externe des lois du monde et ma nécessité interne. L'ordre immuable des lois du monde (loi de la pesanteur, etc.) n'impose pas un ordre immuable de rapports entre les êtres ; ainsi, selon la loi de la pesanteur tombent les corps, mais selon la même loi, et quelques autres, comprises et maîtrisées, vole l'avion. La compréhension de la loi libère de la fatalité des faits.

La science, en m'ouvrant le déterminisme du monde, m'offre le sol de ma liberté, c'est-à-dire de cet accord des nécessités. La liberté nous permet de trouver la loi de notre vrai rapport au monde : ni se conformer simplement à lui, ce qui serait se perdre ; ni en différer absolument, ce qui serait le perdre ; mais s'accorder à lui pour en même temps le transformer, c'est-à-dire pour réaliser davantage cet accord. Ma liberté, consistant dans un accord, accord de moi-même avec moi-même, accord de moi-même avec la nécessité externe, est donc relative ; elle est engagée dans le tissu des relations du monde.

C'est donc parler vite que de dire qu'être libre, c'est être indépendant. Certes je peux devenir indépendant par rapport à ceci ou cela de déterminé, mais je ne puis être indépendant en général, et définir la liberté comme état d'indépendance généralisé ; car je tombe alors dans l'illusion, et dans une liberté encore toute négative et irréelle. Ne peut être véritablement indépendant qu'un être qui ne dépend que de soi, qui n'a besoin que de soi pour être et être ce qu'il est, qui est absolu, qui n'est pas un être au monde parce qu'il est le monde, et qui pour Spinoza est Dieu. Pour un être qui n'est pas rapport de tous les rapports comme Dieu, mais dont tous les rapports s'inscrivent dans son rapport au monde, la mort, où certes tout devient indifférent, est la seule indépendance possible. Puisque exister, c'est dépendre, la seule indépendance possible, pour un être qui existe, c'est-à-dire qui est au monde, est de ne plus exister.

Définir la liberté par l'indépendance, concept purement négatif et abstrait, est donc la définir par la mort ; la liberté meurt de l'indépendance, et la solitude n'est pas liberté, mais forme de violence, d'aliénation de soi, cette fois-ci par une absence de rapports qui, bien qu'externes, sont aussi internes, constitutifs de mon être qui sans eux ne pourrait être ce qu'il est : les rapports à autrui. La rapport à autrui ne supprime pas la liberté ; mais au contraire en pose la possiblilité (même si autrui peut aussi m'aliéner), puisqu'il est le sol de mon être de conscience de soi, sans lequel il n'est pas de liberté possible.

Être libre n'est donc pas être séparé de tout, sans quoi on ne devient rien. Être libre, d'une liberté vivante et réelle, n'est donc pas être indépendant (comme le pense l'aristocrate méprisant l'esclave asservi au travail et à la matière, n'éprouvant sa liberté que dans la fréquentation de la mort, dans le recommencement perpétuel du jeu de la guerre), mais maîtriser ses dépendances, ce qui s'appelle, d'un mot que l'on confond bien souvent avec indépendance, l'autonomie, c'est-à-dire la conduite par soi-même d'un être qui dépend de tout (« L'autonomie est moins la liberté qui sort de la présence sensible immédiate et qui se détache d'elle que, bien plutôt, la liberté au sein de cette présence » Hegel, *Propédeutique philosophique*, 2e cours, & 33).

La vraie liberté, la liberté réelle, est donc maîtrise ; maîtrise de son rapport au monde, c'est-à-dire de son rapport à soi et aux choses ; elle est relative, comme toute maîtrise ; une maîtrise ne se constitue qu'en sachant ce qu'elle ne maîtrise pas. Ainsi, dans le rapport « maître-esclave », le maître, méprisant la sphère servile et patiente du travail, n'éprouvant sa qualité d'homme libre que dans le jeu de la guerre et de la mort qui lui assure son sentiment d'indépendance par rapport à tout, même à sa propre vie, n'éprouvant donc son humanité libre que de façon inhumaine, abstraite et répétitive, expérimente la dépendance de son indépendance superbe à l'égard de ce qu'elle nie si aveuglément ; et les rapports se renversent silencieusement, le maître dépendant de plus en plus de son esclave, de plus en plus esclave de son esclave ; l'esclave maîtrisant de plus en plus ce qu'il travaille constamment, et ainsi devenant souterrainement, toujours davantage, libre. Hegel a ainsi ce mot terrible à l'égard de l'esclavage : « L'homme s'est moins libéré de l'esclavage qu'il ne s'est libéré par l'esclavage. »

Être libre est donc pour Spinoza déployer sa puissance, mais la puissance ne suffit pas ; elle doit se réfléchir et devenir maîtrise, c'est-à-dire puissance au second degré, puissance sur sa puissance, rapport de maîtrise à son rapport au monde. Il n'est de liberté que dans la maîtrise ; il n'est de liberté que maîtrisée. Il n'est pas de liberté dans la folie ; seule la sagesse est libre. La liberté est donc bien réflexion de la nécessité ; car la réflexion est nécessaire. La nécessité implique nécessairement la réflexion de la nécessité.

Pour un être engagé dans les aléas de l'être au monde, dans la mobilité de tous ces rapports qui font le tissu de l'existence, la nécessité, bien que sienne, nécessairement s'égare. Il y a un égarement de ma nécessité interne et de mon rapport à moi-même dans le remous et le tumulte de tous mes rapports d'existence ; la nécessité, nécessairement, doit se chercher, se reprendre sur tous ces rapports d'aliénation qui, nécessairement aussi, sont premiers, puisque le monde est plus fort que moi, m'est antérieur, et m'étreint avant que je puisse même me tenir face à lui.

La liberté est donc non un donné que j'ouvre et lis en moi comme dans le livre sans ambiguïté de mon être, mais est une recherche en moi et en mon rapport au monde de ma nécessité. Ma nécessité, brouillée de toutes les aliénations qui sédimentent mon rapport au monde, doit donc se réfléchir pour s'assurer de sa nécessité.

La liberté, sur le plan humain, voit ainsi réapparaître ce que, dans sa pureté, la liberté divine excluait : le choix. L'unicité de ma liberté, perdue dans la mutiplicité de la réalité, doit trouver et retrouver sans cesse les chemins de sa liberté. La liberté humaine, parce qu'elle est moins parfaite que celle de Dieu, sera liberté du choix, condamnée à se refaire sans cesse, parce que toujours défaite. A l'origine, ma liberté est donc toujours aliénée, toujours hantée par l'aliénation comme par son double nécessaire qui toujours est ce qui la relance vers elle-même. Et, s'il n'y avait pas cet élément d'aliénation qui se glisse originairement dans la liberté, point de besoin, pour une nécessité n'ayant qu'à s'accomplir, de philosophie de la nécessité. Être libre, donc, ce sera toujours nécessairement, et toujours à nouveau, se libérer. Point de liberté si elle n'est plus libération.

La réflexion de la nécessité impliquant la nécessité de la réflexion, il n'est pas de liberté sans pensée. La liberté, c'est d'abord la liberté de la pensée. Affirmer une liberté de l'inconscient, par exemple, est être inconscient de ce qu'est la liberté. Il n'est pas de liberté dans la pure et simple impulsion aveugle, il n'est de liberté que réfléchie, que par la vertu du rapport à soi. Qu'est-ce qui peut me relever constamment de mes aliénations, si ce n'est la pensée, la prise de conscience de ces aliénations ?

C'est pourquoi le nœud de toute aliénation, qui est ce par quoi aussi elle peut se défaire, est l'aliénation de la pensée, ce que sait bien toute tyrannie, qui est toujours d'abord tyrannie contre la pensée et le langage, répression de l'expression libre de la pensée. L'aliénation ne tient que par l'inconscience de l'aliénation, et la tyrannie, l'aliénation politique majeure, que par l'aliénation de la conscience. C'est pourquoi il y va de notre liberté de penser et de travailler à penser le mieux possible.

La pensée est le levier par lequel je me relève de toutes mes aliénations ; elle est en moi l'inscription d'un pouvoir de résistance et d'autonomie. L'être qui ne pense pas, c'est-à-dire qui ne pense pas ce qu'il pense, qui ne réfléchit pas, est exposé à toutes les manipulations, toutes les séductions, toutes les apparences. Il n'interpose entre lui et ses situations vécues, entre lui et la pression sur lui de son existence, aucun recul de conscience, aucune épaisseur de rapport à soi, par lequel il puisse évaluer et juger en toute lucidité. Il est dans les mains de tout ce qui saura s'y prendre pour le prendre. Sa pensée n'est que le reflet fasciné du théâtre de son monde sans la distance libératrice de la réflexion authentique qui est reprise en soi de soi par soi, et de son rapport au monde. On n'est pas libre par hasard, d'une liberté irréfléchie et chanceuse, on n'est libre que par volonté suivie de l'être, que par le soupçon permanent que ce qui se présente à moi sous les apparences de ma liberté ne l'est pas nécessairement. Pas de liberté sans critique de soi ; pas de liberté qui ne soit liberté critique, liberté de critiquer la trop grande assurance en sa liberté.

Penser la liberté, c'est donc d'abord comprendre la liberté de la pensée, c'est comprendre qu'il n'y a pas de liberté qui ne parte de la pensée qui en est la source et l'instrument. Paradoxalement, alors, la pensée de l'aliénation est libératrice. Puisque le pire de l'aliénation est d'en être inconscient, pouvoir penser ses aliénations est déjà s'en libérer. Il est de la dynamique nécessaire de la liberté que l'aliénation ne puisse se faire thème de pensée sans en être engagée et dépassée dans le mouvement de la logique de la liberté. Nos aliénations, dès lors qu'elles sont pensées, ne sont plus si aliénantes : elles témoignent de la capacité de liberté de la pensée, de la relativité de toute aliénation, si absolue qu'elle semble.

L'aliénation ne peut donc parvenir à la pensée que, sitôt, elle renverse son sens. On peut même ainsi affirmer qu'il y a un paradoxe de la liberté : à la limite, prendre conscience que je ne suis pas libre, c'est commencer par là même à être libre. Si j'étais dans l'aliénation absolue, je ne pourrais justement jamais en prendre conscience. Davantage même, comme l'aliénation ne tient que par l'aliénation de ma pensée, si elle était absolue, je ne pourrais même pas me former la notion d'aliénation. Le concept d'aliénation à lui seul témoigne de la possibilité de son dépassement et de ma capacité de liberté. Si je pense mes aliénations, alors c'est qu'elles ne m'aliènent plus totalement, car c'est que je n'en suis plus absolument enveloppé. Au plus noir de l'aliénation, dès que s'y fait le jour de la pensée, se mêle déjà une lueur ténue de liberté. On voit que la réflexion ne tient sa vertu libératrice que de ce qu'elle n'est pas simple répétition, mais dépassement, du réfléchi, parce que transposant celui-ci dans l'élément convertissant de la pensée. Réfléchir sa peur, par exemple, ce n'est pas avoir deux fois plus peur, c'est même pouvoir se révéler courageux, c'est-à-dire maîtriser sa peur, le courage n'étant pas absence de peur, puisqu'il ne tient son sens de courage que dans son rapport à la peur qu'il maintient en lui. De même, la cure dans la psychanalyse n'est guérison que par cette vertu transformatrice de la réflexion qui, en se saisissant du motif inconscient, source profonde de la névrose, le dessaisit par là même de son pouvoir sur nous. La réflexion renverse le rapport à l'objet, convertit sa passivité en activité. Dans la réflexion se dépasse la simple subjectivité, c'est-à-dire mon être tel qu'il se subit d'abord lui-même, et naît le véritable sujet, c'est-à-dire mon être en tant qu'il se réapproprie lui-même et devient libre : il n'est de sujet que par la pensée, le sujet n'est sujet que comme sujet pensant.

L'on pourrait même dire que le *Cogito* de Descartes porte aussi en lui un sens de liberté. « Je pense donc je suis », par la signification de liberté de la pensée, peut se traduire également sans se trahir en un « je pense, donc je suis libre », puisque je ne suis libre que par la pensée que je porte en moi.

Mais ainsi, si la liberté est réflexion de la nécessité, et si la réflexion de la nécessité implique la nécessité de la réflexion, comment dois-je comprendre justement la nécessité de cette réflexion ? Est-elle vraiment nécessaire, ou est-ce que je réintroduis subrepticement à son niveau, au moment où l'on ne s'y attend plus, le libre arbitre ? Quand je prends conscience de mon aliénation, est-ce le réveil d'un fond de spontanéité indéterminée, le fruit d'une pure initiative de réflexion, ou bien ma réflexion de la nécessité est-elle nécessairement déterminée à se produire ? Le rapport de réflexion à la nécessité n'est-il pas, au fond, rapport de libre arbitre à la nécessité, est-il bien rapport de nécessité à la nécessité ?

Spinoza, dans la stricte conséquence de son déterminisme, nous répond que la nécessité de la réflexion est tout aussi nécessaire que la nécessité qu'elle réfléchit. La réflexion de la nécessité n'est que la nécessité se réfléchissant. Un être que l'on imaginerait absolument aliéné ne pourrait se déterminer miraculeusement, par un pouvoir inspiré d'on ne sait où, à désaliéner sa pensée en pensant son aliénation. Son être s'épuiserait dans sa détermination. Cependant, l'homme est un être qui est justement déterminé à penser et à se réfléchir. Il est déterminé à réfléchir ses déterminations. Sa pensée, donc, si elle n'en vient pas à être excessivement entravée dans son exercice, est déterminée à être autonome (le rôle de l'éducation s'indique ici comme capital : l'enjeu de l'éducation est l'enjeu de la liberté elle-même), à avoir une puissance propre de réflexion, de pensée de sa pensée. La pensée, dès lors qu'elle s'est constitué cette capacité d'autodétermination, produit une dynamique propre telle qu'elle est capaable d'être plus puissante que tous les déterminismes qui s'efforcent de la limiter. La réflexion est un cercle qui, mis en mouvement, tourne de soi-même. La vie de la pensée, obéissant à sa nécessité propre, est suffisament libre et autonome pour penser notre vie dans sa réalité et poser les conditions de sa liberté.

L'homme, être de la réflexion, est donc bien responsable de ce qu'il fait, puisque sa réflexion est ce par quoi il peut se réapproprier tous ses actes et en être cause en les déterminant. Il n'y a pas de relation de fatalité entre l'être et ses actes, grâce à l'acte premier et constitutif de cet être, susceptible de déterminer tous ses autres actes : la réflexion de soi.

QUATRIÈME PARTIE

L'action libre

Si la liberté doit bien toujours remonter à la pensée comme à sa source même, elle ne peut jamais pour autant en rester là. La liberté ne peut être pure pensée libre, sans quoi elle n'est qu'une liberté en pensée, qu'une pensée de liberté. La liberté doit nécessairement se faire action, sans quoi elle risque de n'être qu'idée de liberté et non liberté réelle. Comme le disait Sartre : « La liberté, c'est le faire. » L'action libre est la réalisation de la liberté par elle-même, c'est l'action elle-même qui assume son essence de liberté.

Ainsi, les stoïciens ont développé une philosophie de la liberté intérieure de la volonté ; la pensée de la liberté avec les stoïciens s'est tout entière lovée dans la liberté de la pensée. Le stoïcisme permet alors à l'esclave antique de résoudre le problème de sa conscience d'esclave sans bouger de place dans le monde extérieur ; comment un esclave peut-il être libre sans chercher à se libérer extérieurement de sa condition ? Epictète, l'esclave stoïcien, répond alors : par une liberté philosophique, par une philosophie de la liberté, le stoïcisme, qui fait de la liberté une pure pensée, inaliénable comme telle, empire que l'on porte en soi échappant à toute emprise extérieure. Le Stoïcisme est ce par quoi l'esclave répond à sa condition réelle par sa pensée, par la fierté de la pensée.

Epictète commence son célèbre manuel par ces mots : « Il y a ce qui dépend de nous, il y a ce qui ne dépend pas de nous. » La liberté naît de ce départage. Ce qui dépend de moi, c'est ma volonté, c'est-à-dire ma pensée ; ce qui ne dépend pas de moi, c'est l'événement extérieur, qui se produit sans mon consentement, dont la causalité m'échappe. Mais par quoi l'événement m'atteint-il ? Par le sens et le poids que ma pensée lui accorde. L'événement n'a de pouvoir sur moi qu'à raison de mon vouloir. A travers lui, c'est toujours moi-même qui m'affecte : cette blessure qu'un corps extérieur a produit en mon corps ne me touche que parce que je l'estime importante pour moi. Ma dépendance à l'égard des choses extérieures dépend par conséquent de moi, et tout est suspendu à ma volonté. Le rapport d'impuissance objective sur l'événement est gouverné tout entier par le rapport de gouvernement de ma volonté sur elle-même ; et d'une certaine manière, alors, tout dépend de moi, même, indirectement, ce qui ne dépend pas de moi.

Certes, l'événement extérieur ne dépend pas de moi, mais l'attitude intérieure de ma volonté à l'égard de l'événement dépend toujours de moi ; et tout l'être de l'événement pour moi consiste justement dans l'attitude que je vais prendre envers lui. Je suis par conséquent dépositaire d'un pouvoir absolu en moi-même, puisque tout n'a de pouvoir sur moi que celui que mon propre pouvoir sur moi-même lui accorde. Esclave, je suis possédé par un autre, mais cette possession est extérieure, car je demeure le seul et vrai propriétaire de moi-même. Je me prête, mais ne me donne jamais, et mon intériorité est mon empire ; « Pour moi, j'ai tout examiné, et nul n'a de pouvoir sur moi », déclare superbement Epictète (*Entretiens* IV, VI). Le stoïcisme est toujours réflexion du rapport du vouloir et du pouvoir : Epictète, esclave ; Marc-Aurèle, empereur. Mais si, esclave, nul n'a de pouvoir sur moi, je n'ai pas non plus, empereur ou maître, de pouvoir sur quiconque, hormis moi-même.

Je ne suis donc esclave du maître que parce que je le veux bien. Si j'estime par contre qu'il est préférable pour moi de mourir plutôt que de servir, dès lors, je ne suis plus esclave. Le maître peut bien alors me faire mourir, tout esclavage est chantage à la mort ; mais il ne marque pas par là qu'il est mon maître et qu'il me domine, il marque au contraire qu'il ne l'est pas, puisqu'il ne peut se faire obéir de moi, et qu'il ne lui reste plus que la seule possibilité, purement négative et inutile, de me tuer. Son meurtre est l'aveu de son impuissance, non de sa puissance. Le simple fait que l'esclave pense, qu'il soit homme et non chose, anéantit pour le maître tout espoir de le dominer complètement, comme on domine une chose, sans volonté ni intériorité.

La vertu de l'esclave stoïcien, par laquelle il est en lui-même maître absolu, libre, est donc l'héroïsme de la pensée. L'esclave stoïcien est libre parce qu'il sait que sa conscience ne s'épuise pas dans son être d'esclave, que sa conscience n'est pas esclave de son être, et que c'est toujours lui qui fait que l'on peut faire ce qu'on lui fait et fait de lui. Son triomphe dans son esclavage montre qu'il n'est pas de fierté véritable qui ne soit aussi sagesse.

Mais ainsi, l'esclave stoïcien n'est libre qu'en acceptant sa non-liberté extérieure, qu'en faisant de la liberté la pure intériorité de la conscience de soi. Il est libre, mais seulement en lui-même, en déclarant l'extériorité inessentielle à son bonheur, et en laissant l'extérieur à l'extérieur pour se confier lui-même à lui-même. Le stoïcien ne cherche pas à transformer, mais uniquement à conformer volonté et ordre du monde : toute l'action du stoïcien consiste dans cet accord imperceptible, après lequel tout est différent et tout est comme avant.

Aussi le stoïcien est-il libre, mais d'une liberté qui n'est, comme le dira Hegel, que formelle, abstraite, purement intérieure et discrète. Le stoïcien se sort de l'esclavage, mais en y restant : tel est le paradoxe stoïcien de la liberté. Et ce salut de l'esclavage dans l'esclavage même consacre alors finalement l'esclavage, en fait la condition extérieure, certes, mais éternelle, de l'esclave. Bref, l'esclave stoïcien est esclave, mais stoïcien, mais il est aussi stoïcien, mais esclave. C'est un esclave libre, mais esclave de sa liberté d'esclave, d'une liberté sans devenir, sans transformation, sans réalisation, d'une liberté qu'il est seul à reconnaître. L'idée de liberté bloque ici la réalisation effective de la liberté : la liberté stoïcienne est aliénation de la réalité de la liberté, elle est incomplète et abstraite. La contradiction féconde entre l'intériorité et l'extériorité de la liberté, qui est le moteur de sa réalisation, se fige en dualité.

L'action extérieure est donc essentielle à la liberté. La liberté devient pleine réalité par l'action. L'action permet ce double mouvement par lequel notre volonté libre s'extériorise et devient réelle et par lequel le monde extérieur intériorise notre volonté en en étant transformé, et la reconnaît.

La liberté doit donc travailler le monde pour s'y retrouver. La liberté ne peut être hors du monde, enfouie en elle-même, elle doit constituer un monde de la liberté, où elle puisse être libre dans la réalité, à l'extérieur de soi, autant qu'en elle-même. Hegel définit ainsi la liberté complète comme « l'égalité à soi-même dans l'altérité » (*Propédeutique philosophique* », 2e cours, § 35). Être libre, c'est-à-dire être pleinement soi-même, ce n'est pas être condamné à soi, à ne pouvoir être soi qu'en soi ; être libre, c'est être libre d'être soi dans la réalité extérieure transformée par soi, par son action et ainsi mise en unité avec soi. L'action libère la liberté de la clôture oppressante de la pure intériorité. La liberté, bien loin d'être l'indépendance, dans laquelle se cantonne l'orgueil du stoïcien, est bien autonomie, maîtrise libératrice de ce rapport essentiel de dépendance au monde, en l'assumant et non en s'en détachant (1).

La liberté doit donc se déployer comme action sur tous les plans de la réalité de mon être-au-monde. Ainsi, dans mon rapport à la nature, le travail (qui peut être aliéné par le jeu des rapports sociaux) a bien un sens de liberté. La technique également, à condition que ma liberté s'y reconnaisse bien et ne soit pas débordée et pervertie par l'ampleur et la complexité de ses moyens mêmes, la technique pouvant aliéner mon rapport essentiel à la nature.

La morale authentique, ainsi que le montre bien Kant, ne peut également reposer que sur ma liberté, et ne se définir que

(1) Notons cependant que la liberté stoïcienne n'est pas proprement détachement, puisque le stoïcien doit faire conspirer sa volonté avec la volonté rationnelle qu'il suppose gouverner le monde et selon la loi de laquelle tout événement arrive.

comme l'exercice libre de ma volonté cherchant à universaliser la liberté dans le monde et ses conditions. C'est bien dans le rapport social d'homme à homme que se marque cette universalité constitutive de la liberté. C'est d'une liberté bien limitée que je suis libre si je suis libre tout seul, dans un monde d'hommes aliénés de toute part. C'est une liberté qui manque alors de sol, de fondement universel qui en garantisse la réalité en la transformant en droit ; telle la liberté du maître, limitée et menacée par l'esclavage de son esclave. Les sujets ne peuvent être libres que lorsqu'ils se reconnaissent mutuellement et universellement comme libres, et se le garantissent ensemble. Il y a donc une solidarité essentielle des libertés par laquelle la liberté est nécessairement une problématique sociale, politique et historique. Pas de liberté sans société libre, ce qui est la raison d'être de la vraie politique.

Mais, donc, la liberté a besoin de l'histoire. L'homme est libre non malgré le temps mais grâce au temps. La liberté n'est pas immédiate, mais est histoire ; et, si l'histoire a un sens, c'est d'être le long, sinueux, patient, hésitant, chemin par lequel la liberté se fait monde dans le monde. Tel est bien le sens de l'histoire pour Hegel et Marx. Encore faut-il bien préciser que c'est par la liberté que la liberté se fait jour à travers l'histoire, ce qui explique à la fois son sens et ses contre-sens, ce qui explique à la fois la force et les faiblesses de l'histoire. Ce serait le plus sûr moyen de faire mourir la liberté que de lui asséner la fatalité aveugle du progrès, de la consacrer comme sens inéluctable de l'histoire, d'une histoire qui saurait alors toute seule ce qu'elle fait, ou plutôt fait faire à l'homme qui, lui, ne saurait ce qu'il fait. Il y a un aveuglement de la liberté quand elle se croit conduite trop sûrement par l'histoire, à laquelle elle se confie alors en abattant toute liberté critique. L'histoire est la recherche infinie, et toujours s'aliénant, de la liberté par elle-même.

La liberté, ainsi, est l'entreprise par laquelle seule l'homme pourra attester qu'il est bien homme, dans et par une société humaine qui soit bien humaine. En ce sens, dans le sens vrai du mot liberté, c'est-à-dire comme maîtrise et autonomie, il est faux de dire qu'il puisse y avoir trop de liberté. De liberté, il n'en est jamais assez. Ou plutôt, notre liberté est moins à mesurer selon une quantité que selon une certaine qualité de nos actes, que seuls nous pouvons juger, qui fait qu'en tout ordre, personnel, historique, politique, l'on puisse dire que nos actes sont bien nous-mêmes et sont bien ce par quoi notre être se fait.

BIBLIOGRAPHIE

Descartes : *Les Méditations métaphysiques* (en particulier la méditation IV). Texte de référence capital. Bibliothèque de la Pléiade, Éditions Gallimard.

Spinoza : *L'Ethique* est certes une forteresse philosophique, mais on lira au moins l'appendice de la première partie, la scolie de la proposition II de la troisième partie, et, plus difficile, les parties IV et V ; enfin la lettre LVIII à Schuller. Édition de poche chez Garnier Flammarion.

Kant : *Fondements de la métaphysique des mœurs,* Éditions Delagrave. *Critique de la raison pratique* (lire surtout le livre I), Éditions des P.U.F. On ne peut sectionner la problématique morale de Kant et il importe d'en lire l'exposition, accesible si on la suit pas à pas, en entier.

Sartre : *L'Existentialisme est un humanisme,* aux Éditions Nagel, texte très accessible. *L'Être et le néant,* aux Éditions Gallimard, œuvre difficile mais dont, la liberté, confondue avec la subjectivité elle-même, est l'enjeu omniprésent.

André Comte-Sponville : *Traité du désespoir et de la béatitude,* Tome II, « Vivre ». 1e partie, aux Éditions des P.U.F. Cet ouvrage contemporain traite de manière strictement déterministe et matérialiste le problème de la liberté.

Pour la problématique politique que nous n'avons pu qu'effleurer dans le présent ouvrage :

Jean-Jacques Rousseau : *Le Contrat social,* livre I, en Édition de poche chez Garnier Flammarion. S'y trouve condensées toutes les données essentielles du problème politique de la liberté.

Spinoza : *Le Traité politique,* toujours en poche chez Garnier Flammarion. Lire surtout les cinq premiers chapitres où la conception Spinoziste s'y expose de façon très claire.

TABLE DES MATIÈRES

Achevé d'imprimer
sur les presses de Copédith
Dépôt légal n° 2630